文書診斷

台灣法制三十年的研究報告

安溪老人
楊子宜瑪莉恩

www.taichicard.com

ISBN 1-4499-9897-6
ISBN 978-1-4499989-7-4

Printed in the United States.

目录

台灣法治三十年的研究報告

導言

父親提"文書判斷"作為這本書的書名,我加上副標題之後改成"文書診斷"。父親不是學者,他是戰士,他的一生是一部戰鬥史。跟一般自傳不同的是,他的敵人從來就不是單獨的個人。他的敵人是意識形態:他的意識形態和書中所著墨的許許多多的他人的意識形態。看著他在這一年之中陸陸續續從太平洋對岸郵寄過來的資料,林林總總,我感到辛酸而好奇的是,為什麼在台灣的中國人只有兩種意識形態?為什麼,台灣的民主法治的法律運作如此的非黑即白?中國的諺語,黑白顛倒,是從五行的觀點來說的。黑是水,白是金,水在金上是逆,是顛倒。金在水上才順,才相生。但是放眼從我桌上的許多訴訟案子看去,我了解到在台灣三十年來的法治發展是與其立意相違逆的,是相剋的。也就是說,白在黑上的機會微乎其微,甚至可以說是沒有的。

父親寡言,他用筆如揮刀,力道多半都在縣府和法院之間就已經消磨殆盡。從他在1986年被台灣彰化地方的縣政府,調查站,和地檢署聯合以"貪瀆"的罪名逮捕,套供,移送,起訴,到停職,並於次年判處6年有期徒刑,他自己當自己的律師,補習六法,要求錄音,要求辯護。又次年,才被改判緩刑4年。再兩年過去,地檢署無法判他刑責,縣政府只好准他復職。他的復職不是自動被給的,拿回被扣留多年的薪水也還要經過幾番折騰。回到工作崗

位之後，他的意識形態則繼續和他的上司們的意識形態抗爭，衝突，他一再的被轉到縣府的“其他”部門，他家裡的電話到了半夜會響，他的家人也會陸續的被下蠱詛咒。這些他都不寫，問他他說，這些都過去了。他這輩子是以“還滅門”來修道的，不是“流轉門”。

長達108頁的書，他簡短的只寫了5頁的說明，像古時的文人那樣精煉的書寫，也像當代的工程師那樣簡明的論說。他寫：

土地政策為台灣內政關鍵性的一環。自1949年至今2009年，漫長60年期間，人民土地糾紛不斷，司法案件延宕無解。究其亂源，乃在土地法的制度殘缺。

土地弊端，其關鍵點乃在“地籍測量”的不科學。建議修正內容不明確的土地法第44條第5款規定。其條文“五、製圖”理應修正為“五、完成地籍地形套繪公告圖”，亦即將地籍圖套入衛星測量圖“航空攝影測量圖”，且必須依法公告周知，永久保存。如此，民地糾紛以及衍生的司法案件即可根絕！

都市計畫法第15條第2項規定的“主要計畫圖”應修正為“主要計畫、地形套繪公告圖”。亦即將主要計畫圖套入衛星測量地形圖上。兩種圖套繪完成一

種圖。另外，都市計畫法第22條規定的"細部計畫圖"應修正為"細部計畫、地形、地籍套繪公告圖"。亦即將細部計畫圖套入衛星測量地形圖後再套入地籍圖上，叄種圖套繪完成一種圖。準此，與科學知識以及科學技術相結合，具有絕對公信力，則一切土地政策的弊病，均可徹底消滅！

我看完後在越洋的電話上對父親說，不夠。 幾個月後，他再寄來一封信。 信裡他寫：

台灣地區權責機關，理應痛定思痛，亡羊補牢。修正公文程式條例之規定內容和限製程序。一切公文之內容應記載明確，而且沒有"不能事項"存在，大小事功，應同時記載事實和證據。證據必須經過各層級人員查證、核實、確立。如此才算"權責分明"。

公文程式條例之規定內容，根本與科學知識不符合也。《文書判斷》乙書，41個範例，沒有一篇內容記載事實和證據。用「存心刁難」和「吹毛求疵」等政治思想犯人的罪名作懲戒理由，用毫無事實和證據，且未經合法調查與審議的文件充當案件，由公務人員保障及培訓委員會之組織各東西南北中區地方保障處欠缺職權的人員全權閱覽，然後偷偷送

往台北委員大公們簽署蓋章了事。不但違反審議原則，諸大公不辦事只蓋章就可以坐領巨額薪資，浪費百姓血汗錢稅納金。刑法第124條枉法裁判或仲裁罪，第125條濫權追訴處罰罪，第213條公文書不實登載罪應可就此終結刪除掉。如此做事，這些法條根本就不可能發生，形同虛設！

我看著想：是啊，寫"文書診斷"，除了"證據"，爸爸，也要"事實"啊！

顛倒之顛倒

通用的文書，概分三部分：首部，正文，和尾部。正文的內容也分三部："事功"，亦即事實與證據；理由；和結論。而任何一件文書，如果其內容包括多項事功，每項事功則必須依時間次序排列，而且繪製成"事功流程表"。

父親說：可以此事功流程表來穿透不合情不合理不合法的文書魔術。

我舉高雙手，攤開手心大呼："事情真的這麼簡單嗎？"

附錄範例（1）台灣省政府公報的報導背後的事實是，彰化縣府縣長黃石城、調查站調查員鄭吉能、地檢署檢察長謝榮盛聯

合於1986年6月5日至1987年1月22日期間，非法逮捕公務人員楊宙明，進行套供，移送，起訴，停職，並判處陸年有期徒刑等行為，不但違反了憲法第8條（人身自由）規定，也違反了憲法第15條（生存權、工作權及財產權）規定。 附錄範例（2）（3）（4）（5）（6）（7）（8）（9）（10）（11）（12）等等更因為拒絕楊員的申訴及復審聲請，進一步的違反了憲法第16條（請願、訴願及訴訟權）規定。

台灣刑事訴訟法第154條（證據裁判主義）說：被告未經審判證明有罪確定前，推定其為無罪。犯罪事實應依證據認定之，無證據不得認定犯罪事實。 刑事訴訟法第155條（自由心證主義）進一步說：證據之證明力，由法院本於確信自由判斷。但不得違背經驗法則及論理法則。無證據能力、未經合法調查之證據，不得作為判斷之依據。由此說來看附錄範例（1），法院的裁判法官就犯了刑法第124條（枉法裁判或仲裁罪）以及刑法第125條（濫權追訴處罰罪）兩條罪。

事情很不簡單的可以追溯到楊員當時所接辦的案件。

台灣省政府公報78年春字第16期（1）說台灣省政府移送書略謂：楊員"明知其當時承辦違建督導工作，並未負責審核建築執照發照工作，竟於74年[1985年]3月25日未經建設局總收發掛號，擅自私下收取胡坤炎建築執照申請書，明知胡坤炎未具有農民身分，且依規定不准申請興建自用農舍之建築執照，竟逾越權責，對於非主管之事務代為決行。"

胡先生坤炎不是農民卻是榮民，他的土地因為這群由縣長領頭的政客們為了抄地皮圖利，不惜非法開闢計劃道，非法強制徵收民地，進而非法拆除合法民屋（證見黃石城1987年1月20日彰府建都字第2645號公告圖說以及彰化地檢處1984年度偵字第4641號處分書。）這就是父親所說的"文書魔術"。

然後，他在多年與法院和縣府文書往返而終於恢復職位回到工作崗位之後，自然的發掘了更多的文書魔術。

其中最淺顯的例子來自縣長翁金珠的懲戒案。她為了父親拒絕民眾申請假印鑑案，以及告發洪主任晟閔為了圖利枉法改編門牌一事而懲罰他。縣長翁金珠於2002年9月23日下了府人二字第091-0180-4270號令，令中她寫懲戒楊員的事由為："辦理民眾申請印鑑證明案件，作為吹毛求疵，嚴重影響戶政工作之執行，亦損及政府機關形象；又向本府檢舉其主任洪晟閔圖利惡民，枉法改編（卻登記為整編）門牌，亦經本府調查，與事實不符，損害公務人員聲譽。"

多年前他為了維護榮民胡坤炎的基本人權而被逮捕被裁判6年徒刑，現在他為了拒絕偽造和舉發不法而有損政府形象和上司聲譽而被懲罰。父親對我們說："你們作什麼都好，就是不能當公務員。"他呢？他繼續當公務員，繼續以憲法，刑法，和刑事訴訟法跟政府和上司周旋，與法院磨刀。

自我探索法

磨刀磨出了"文書診斷"一書的基本理念。仍然以三演繹：

一是："三元告命，天地人原歸一統。才氣偏高，詩書易本是同源。"

二是："三教原來一理同。何須分別各西東。三花三寶三皈裡。五德五行五戒中。"

三則是他自己的發明："妙有為用的篩子"。譬如天網，他寫恢恢而疏但不漏的篩網，將文書歸納為十類，將每一類均分為四個程序。如此的4排10列網絡交織合成的篩子，可以穿透惡行惡狀的文書魔術。

為什麼數字三出現的如此頻繁？問他他沒有直接回答。幾個月之後電話上回：十類文書的每一類本來可以分為三個程序就好。分成四個程序是為了說明方便。我好似知道又似無知的還是把他的這句話記在這裡好讓後知者去細細辯解。"文書診斷"四十篩結的綱要如下。

1 文書通性；2 信息分析；3 計劃原則；4 立法原則；5 特別法；6 普通法；7 證據力；8 調查原則；9 法律責任；10 大道心法。

從"文書通性""信息分析"到"法律責任"和"大道心法"，我認為本書主要的干線宛在篩網的中央。也就是說，在"特別法"和"普通法"的百般著墨之上。

混沌分析法

混沌分析法會在不久的將來蔚為風潮。誰說的？我說的。

在東方，陰陽演繹為八卦學說；在西方，零壹演化成模糊邏輯。 我來自東方而在西方生活既久，用八卦學說來印證西方的萬象，用模糊邏輯來解釋東方的亂象，混沌理論出來之後，看似玄黑，一旦清白清楚清醒清明，混沌分析法將應運而出。

好似父親的"文書判斷四十篩網"在他與自我和與他人的衝突掙扎之後為應用而出。三十多年來，他以憲法對人身自由，對生存權、工作權及財產權，和請願、訴願及訴訟權的保障為準則，以刑事訴訟法的證據裁判主義以及自由心證主義作戰略，並以刑法的枉法裁判或仲裁罪，濫權追訴處罰罪和公文書不實登載罪作戰策，為公為私再為公，範圍涉及行政，司法，乃至立法，他打的竟是場場非輸不可的官司。轉化成一本非"書"不可的官私。

"文書診斷：台灣法治三十年的研究報告"分兩部分。一篇研究報告和四十二個台灣"官"能不良的附錄範例，其中範例（31）的聲請狀則是例外。

從"文書通性"到"特別法"的抗戰前期，父親談書說易的時常耳提面命兩件事："知己知彼，百戰不殆"和"天行健，君子以自強不息"。從"普通法"到"大道心法"的抗戰後期，父親不再談書說易了。他念念不忘的是詩。各式各樣的詩。很多時候，他用卜筮的詩句來寫抗告文書的心情。而由我的提議，他開始有律有法的寫"文書判斷四十籌碼"。細心的讀者也許可以從大道心法的綱要看出這本書的的精神出處。然而，君不見，即使是再活潑的詩書易的文化精神，還是落入了"抗告－駁回"和"再抗告－再駁回"的"天堂－地獄"的循環輪迴不已無休。

父親的意識形態是抗戰要通過正當的法律途徑，所以他百戰不殆的抗告；而在台灣的巡官和法官們官官相"互"的意識形態則是，法律是有，途徑無門。你再如何有法有律的抗告，我版樣的文書官樣的蓋章一概駁回。

在研究父親寄至的數十個案例之後，非輸不可的慘狀，我的結論是，只有"書"才能夠打破如此惡性的輪迴。

這是一則"個人與公義"的故事。從這個故事來看我的研究報告，台灣三十年來的民主是有，法治則不張。法律是有，公義則尚待發展。因為官私的猖獗而沒有公義的伸張誠然是黑白顛倒的亂象。但是，根據五行生剋的原理，黑白也可以陰陽而相濟。由個人伸張[民主]才會有公義[法治]，但是這樣的個人必須要多起來。這本書裡的"個人"十分的孤單，其行為十分的"孤僻"，如

15

果只以單一個人來看去行徑的話！但是以這個個人來看地方政府眾官的行為，作風，看他／她寫出來判決他人基本人權的公文書，一篇一篇的"未經合法調查"，"未經審判證明"就確定有罪的文章，面對這樣的行政官，司法官，和立法官，這樣的個人似乎不但要相當的"孤僻"，還要相當的"特立獨行"才能夠以"一理流行貫八荒"！

參考資料

台灣憲法第八條（人身自由）規定人民身體之自由應予保障。除現行犯之逮捕由法律另定外，非經司法或警察機關依法定程序，不得逮捕拘禁。非由法院依法定程序，不得審問處罰。非依法定程序之逮捕、拘禁、審問、處罰，得拒絕之。人民因犯罪嫌疑被逮捕拘禁時，其逮捕拘禁機關應將逮捕拘禁原因，以書面告知本人及其本人指定之親友，並至遲於二十四小時內移送該管法院審問。本人或他人亦得聲請該管法院，於二十四小時內向逮捕之機關提審。法院對於前項聲請，不得拒絕，並不得先令逮捕拘禁之機關查覆。逮捕拘禁之機關，對於法院之提審，不得拒絕或遲延。人民遭受任何機關非法逮捕拘禁時，其本人或他人得向法院聲請追究，法院不得拒絕，並應於二十四小時內向逮捕拘禁之機關追究，依法處理。

台灣憲法第十五條（生存權、工作權及財產權）規定人民之

生存權、工作權及財產權，應予保障。

　　台灣憲法第十六條（請願、訴願及訴訟權）規定人民有請願、訴願及訴訟之權。

　　台灣刑事訴訟法第十二章證據第一節通則第一百五十四條（證據裁判主義）被告未經審判證明有罪確定前，推定其為無罪。犯罪事實應依證據認定之，無證據不得認定犯罪事實。

　　台灣刑事訴訟法第一百五十五條（自由心證主義）證據之證明力，由法院本於確信自由判斷。但不得違背經驗法則及論理法則。無證據能力、未經合法調查之證據，不得作為判斷之依據。

　　台灣刑法第一百二十四條（枉法裁判或仲裁罪）有審判職務之公務員或仲裁人，為枉法之裁判或仲裁者，處一年以上、七年以下有期徒刑。

　　台灣刑法第一百二十五條（濫權追訴處罰罪）有追訴或處罰犯罪職務之公務員，為左列行為之一者，處一年以上、七年以下有期徒刑：一、濫用職權為逮捕或羈押者。二、意圖取供而施強暴、脅迫者。三、明知為無罪之人而使其受追訴或處罰，或明知為有罪之人而無故不使其受追訴或處罰者。因而致人於死者，處無期徒刑或七年以上有期徒刑；致重傷者，處三年以上、十年以下有期徒刑。

　　台灣刑法第二百一十三條（公文書不實登載罪）公務員明知為不實之事項，而登載於職務上所掌之公文書，足以生損害於公眾或他人者，處一年以上七年以下有期徒刑。

"文書判斷" 原文

文書判斷序論

故事發生在地球村的地區(120° 31' 30" E, 24° 04' 30" N)省府1988年府人三字第122307號移送書,略謂:楊宙明明知其當時承辦違建督導工作,並未負責審核建築執照發照工作,竟於1984年3月25日未經建設局總收發掛號,擅自私下收取(榮民)胡坤炎建築執照申請書,明知(榮民)胡坤炎未具有農民身分,且依規定不准申請興建自用農舍之建築執照,竟逾越權責,對於非主管之事務代為決行。並予以核發使用執照……。準此故事,於1986年6月至同年9月期間,楊宙明就被縣府內外集團扣上「貪瀆罪名」當眾逮捕、套供、移送、審訊起訴、停職。 於1987年1月間被彰化地方法院判刑六年整。是非到底見分明,辯什麼?如今才知道故事緣起於政客為了洗圖、抄地皮、圖利並掩飾非法開闢計劃道、非法強制徵收民地(住宅區)、拆除合法房屋等罪行(證見黃石城1987年1月20日彰府建都字第2645號公告圖說以及彰化地檢處1984年度偵字第4641號處分書。)這是標準的文書魔術。

員林地政事務所,於1980年間,在大村鄉大莊段1-0建號的建物登記謄本上,其他登記事項欄裡,記載:「重測前大村段49建號本登記僅證明房屋產權之所屬,至本房屋是否符合建築法令之規定,仍應受建築法及都市計劃等有關法令之限制」。這也是特殊的文書魔術。

阮剛猛，於2001年12月6日彰府人二字第215799號令「獎懲事由：辦理民眾賴清浚、賴王阿勉申請房屋門牌改編（卻登記為整編）一案，有公務人員考績法施行細則第13條第1項第2款第1目規定之情事」。這也是文書魔術。

　　翁金珠，於2002年9月23日府人二字第091-0180-4270號令「獎懲事由：辦理民眾申請（假）印鑑證明案件，作為吹毛求疵，嚴重影響戶政工作之執行，亦損及政府機關形象；又向本府檢舉其主任洪晟閔圖利惡民，枉法改編（卻登記為整編）門牌，亦經本府調查，與事實不符，損害公務人員聲譽」。這也是文書魔術。

　　沈應南、黃淑玲、許武峰於2003年11月26日九十二年度訴字第928號裁定文裡案由記載「右當事人間因獎懲事件，原告不服公務人員保障及培訓委員會2003年10月28日九二公審決字第0268號訴願決定，提起行政訴訟」。這是標準的文書魔術。

　　周弘憲等13人於2002年4月16日九一公申決字第0066號決定書裡，案由記載：「右再申訴人因懲處事件，不服彰化縣府2001年12月19日彰府人二字第224683號函之函復……。」以及2003年1月21日九二公申決字第0011號決定書裡，案由記載：「右再申訴人因懲處事件不服彰化縣府2002年11月8日府人二字第091-0211-6330號函之函復，向本會提出再復審（按：應為再申訴）案。……」都是標準的文書魔術。

文書魔術、魔術文書，到處氾濫，如下：

- 吳榮興1980年11月10日彰府建都字第12153號函。
- 黃石城1984年9月20日彰府建都字第138925號函。
- 黃石城1987年1月20日彰府建都字第2645號公告及圖說。
- 陳啟鐘1992年2月28日彰府工都字第4994號公告及圖說。
- 阮剛猛1998年2月25日彰府工都字第031404號公告及圖說。
- 黃石城1985年9月11日彰府建都字第144396號函。
- 徐英一1988年9月23日彰府建都字第147099號函。
- 劉瑞煌1988年9月15日地劃三字第6682號函及樁位檢測資料一分四張。
- 許松1997年11月28日地規三字第10280號函及復查資料一式三份。
- 彰化地檢署1984年度偵字第4641號處分書。
- 彰化地檢署1994年度偵字第9281號處分書。
- 彰化地檢署1995年度偵字第5678號第6760號第8432號處分書。
- 地檢署1996年度偵字第2309號第3888號第3842號第6803號處分書。
- 地檢署1997年度偵字第2789號第5673號第5730號第10441號處分書。

- 地檢署1998年度偵字第536號第285號第1797號處分書。
- 地檢署1999年度偵字第3187號第4217號第8965號處分書。
- 地檢署2001年度他字第340號第1607號第1632號第1556號第2692號處分書。
- 地檢署2002年度他字第426號處分書。
- 陳茂亭2003年4月25日彰檢朝溫九十二他1011字第14558號函。
- 吳怡盈2004年度他字第2156號案件。
- 林依成2004年度他字第2257號案件。
- 許嘉龍2004年度他字第1781號案件。
- 台中地檢署張曉雯2004年度他字第2341號沈應南偽造文書案件。
- 林樹蘭2005年度他字第1270號被告陳家美、郭棋湧偽造文書案件。
- 黃淑媛2005年度他字第1560號林朝松、詹昭書、阮剛猛、洪晟閔、辛玉舜瀆職一案,查無犯罪事實,已予結案。
- 吳怡盈2006年度他字第226號被告阮剛猛、徐英一、翁金珠等瀆職案,因無犯罪事證,已報準簽結。
- 林樹蘭2006年度他字第555號第600號洪晟閔偽造文書等案,經查並無不法情事,本件依法終結。
- 林樹蘭2006年度他字第1275號第2010號辛玉舜、

洪晟閔、蔡俊輝偽造文書案,經查並無不法情事,本案依法終結。

- 徐錫輝2005年度他字第1577號第李雅俐、羅得村、劉榮服、黃文進等四人偽造文書一案,經查並無不法情事,本件依法終結。

- 郭棋湧2005年度他字第1242號第1243號第1262號第1334號第1365號第1366號第1407號第1334號第1365號第1366號第1407號第1408號第1409號案件,業已簽準結案。

總之,地球村座落於(120° 31' 30" E, 24° 04' 30" N)的地區,文書魔術,魔術文書,到處橫行,氾濫成災。究其禍根亂源,乃在制度殘缺,五行不全也。

通用的文書,概分1.首部,2.正文,3.尾部。正文內容又有a.事實和證據,b.理由,c.結論。任何一件文書,其內容包括多項事功。每項(事功)必須依序排列之。繪製成所謂「事功流程表」。如此,文書魔術才可能原形畢露。切記! 切記!

文書判斷一書,其基本理念有三。「三元告命,天地人原歸一統。才氣偏高,詩書易本是同源。」此其一。「三教原來一理同。何須分別各西東。三花三寶三飯裡。五德五行五戒中。」此其二。「妙有為用的篩子(天網恢恢,疏而不漏)」此其三。 大自然、社會上流行的通用的文書,歸納為十類。每一類均分為四個程序。如此

的排列組合表列如下：

　　　　文書通性：動機、主題、方式、限制

　　　　信息分析：可靠、完整、價值、關聯

　　　　計劃原則：狀況、目標、方案、時空力

　　　　立法原則：需求、目的、專業、整體

　　　　特別法：職權、內容、手續、程式

　　　　普通法：證據、事實、用法、理性

　　　　證據力：能力、調查、邏輯、知識

　　　　調查原則：直接、辯論、公證、制度

　　　　法律責任：條件、真相、法律、責任

　　　　大道心法：心靈、精純、一理、中庸

　　　文書判斷一書，有因襲，有擇取，也有創作。其功能有三。一、士農工商、男女老少，人人均可習得，均可應用。 圓融無邊也。二、讀者日誦一遍，假以時日，緣深，行深，一旦形成「長期記憶」，當能強化理性的思維程序，減少煩惱。圓明清照也。三、人心惟危，道心惟微，惟精惟一，允執厥中。乃大道心法。一旦形成「長期記憶」，融入日常生活工作裡，面對矛盾複雜的社會，面對一本萬殊的問題，當能「應化自如。不識不知」。究竟「無思無慮之天，己所獨知之地」。 圓通自如也。

文書判斷法規與實務

法規問題：

憲法：

第五條法制的統一與尊嚴

第四十一條公民的監督權及其保障

第五十六條納稅的義務

第一百二十六條審判權獨立

第一百二十九條法律監督機關

第一百三十一條檢察權獨立

第一百三十五條司法機關間的分工與制衡

刑事訴訟法：

第十二條無罪推定

第十三條陪審制

第四十二條證據及種類

第四十七條證言的審查判斷

第五十四條保證人的條件

第六十一條拘留的條件

第七十六條偵查監督

第八十六條立案條件

第八十七條立案監督

第一百三十七條審查起訴的內容

第一百三十八條審查起訴的期限

第一百四十一條提起公訴的條件和程序

第一百六十二條評議、判決。

第一百六十八條審理期限。

第一百六十九條審判監督。

第一百九十一條重審情形。

第二百零四條因申訴而重新審判的事由。

刑法：

第二編，分則。

實務問題：

一般情形。公文書標準的程式分為首部，正文，尾部。　正文內容又有a.事實和證據，b.理由，c.結論。任何一件文書，其內容包括多項（事功）。每項（事功）必須依序排列之。繪製成所謂「事功流程表」。如此，文書魔術才可能原形畢露。切記！ 切記！

七W＋R原則的應用。即人事時地物因果和法律關係。

文書判斷使用的篩子天網恢恢，疏而不失。「事功」，即事實和證據。「事功流程表」猶如「裸身肉體」褪去衣裳，原形畢露。否則，真相不明也。

文書判斷四十篩孔說明

文書判斷篩子一覽表

	a	b	c	d
1	動機	主題	方式	限制

2	可靠	完整	價值	關聯
3	狀況	目標	方案	時空力
4	需求	目的	專業	整體
5	職權	內容	手續	程式
6	證據	事實	用法	理性
7	能力	調查	邏輯	知識
8	直接	辯論	公證	制度
9	條件	真相	法律	責任
10	心靈	精純	一理	中庸

(一) 無證據能力的證據，不得查證，核實，確立：

　　未依法實行具結（宣誓）的證人證言。

　　非法套取的口供，筆錄。

　　無關聯性的證據。

　　有不能事項的證據。

　　個人意見或猜測之詞。

(二) 不得作為真相判斷的根據，情況如下：

　　無證據能力的證據。

未經合法調查的證據。

顯與法律或自然邏輯有違的證據。

與法律或自然知識不符的證據。

㈢文書判斷四十篩孔的說明如下：

1 文書通性

　　a. 動機：生死富貴、酒、色、財、氣。

　　b. 主題：計劃的目標，文件的標題，論著的課題。

　　c. 方式：方法。

　　d. 限制：範圍。　時限。

2 信息分析

　　a. 可靠：來源的可靠性等。

　　b. 完整：內容的完整性等。

　　c. 價值：時效的價值性等。

　　d. 關聯：法律關聯性，自然關聯性。

3 計劃原則

　　a. 狀況：一般狀況，特別狀況。

　　b. 目標：長期目標，中期目標，短期目標。

　　c. 方案：甲方案，乙方案，丙方案。

　　d. 時空力：即天時、地利、人和的限制範圍。

4 立法原則

    a. 需求：社會需求性。

    b. 目的：多元目的性。

    c. 專業：專業性。

    d. 整體：整體性，如法制的統一和尊嚴。

5 特別法

    a. 職權：主觀權限。

    b. 內容：內容明確且無「不能事項」。

    c. 手續：法定程序。

    d. 程式：格式，表格，如公文程式條例規定的程式。

6 普通法

    a. 證據：依法查證，核實，確立的證據。

    b. 事實：根據確立的證據認定事實。

    c. 用法：適用法律條文。

    d. 理性：量刑必須合乎理性原則。

7 證據力

    a. 能力：證據能力。

    b. 調查：合法調查。

    c. 邏輯：合乎法律邏輯。

    d. 知識：符合科學知識。

8 調查原則

　　a.直接：直接開庭調查。

　　b.辯論：言詞辯論（互相對質）。

　　c.公證：公開聽證。

　　d.制度：如刑事訴訟法的程序、期限、限制。

9 法律責任

　　a.條件：如刑法分則明文規定的構成要件。

　　b.真相：具體事實，事實清楚。

　　c.法律：違法性，故意或過失。

　　d.責任：有責性。　如十六歲以上為有責任。

10 大道心法

　　a.心靈：人心惟危，道心惟微。

　　b.精純：惟精。

　　c.一理：惟一。

　　d.中庸：允執厥中。

文書判斷的方式

　　先作「止、定、靜、安、慮、得」的功夫，止於至善和四勿。　直到心平氣和時。

　　取出文件。　事緩則圓。　把文件內容（首部、正文、尾部）過目三遍。

記下每一項裡的「事功」。按照「事功」發生時間點的順序，排列成所謂「事功流程表」。

找出關鍵性的「事功」，從《法律全書》裡找出關係的法規條文。 即「法律關係」。

通常以「篩子」的第5類和第6類為主軸，交互對照關鍵性的事功以及法律關係。

篩出「事功」的合情性、合理性和合法性。不合法的文件，拒絕之。不合理的文件，協商之。不合情的文件，忍讓之。求得「和氣生財，生財有道」也。

文書判斷的限制

證明案件真實情況的一切事實，都是證據。

一般情形下，所謂文書，公文書，印章，署押者，皆有關律例上，權力，權利，義務或事實上，證據之用者而言。文書者，定著文字於體物上，而表明其思想，可以供證據之用者也。

不合法的文件，拒絕之。所謂「遠避網魚戶，奮力躍龍門」是也。

本書的應用僅限於正當防衛性的文書判斷。正所謂「無為而無不為」也。

文書判斷的範例解說

卓俊忠2009年2月8日彰檢勇95他127字第04919號函。

範例 9 （見51−52頁）

1. 文件內容：

    a. 首部：(略)。

    b. 正文：

主旨（欠缺事功）。

說明一項（欠缺事功）。

說明二項（欠缺事功。法規討論）。

說明三項（欠缺事功）。

說明四項（內容不實且有不能事項）

說明五項（欠缺事功，未經合法調查，妄加結論）。

    c. 尾部：（略）。

2. 文件研判：

    a. 欠缺事功，即「事功流程表」從缺。

    b. 欠缺法律關係。

3. 文書判斷：

    a. 毫無證據。

    b. 毫無事實。

    c. 根本未經合法調查。

註：事功，即事實和證據。否則真相不明也。

臺灣省政府公報七十八年春字第十六期

人事行政

臺灣省政府函
中華民國七十八年一月十三日
七七府人一字第一三七五一二號

受文者：本府所屬各機關學校
各縣市政府

主旨：行政院人事行政局函以：關於公教員工報領眷屬實物配給口數之限制，業奉行政院核定同意照新規定辦理，請查照。

說明：

一、依據行政院人事行政局七十七年十二月二十八日七七局肆字第四七九一七號函辦理。

二、右函規定事項如次：

（一）公教員工報領眷屬實物配給一律以三口為限，惟公教員工配偶或本人具有左列情形致子女超過限口規定者不在此限：

1. 第一胎生育多胞胎者：
2. 第一胎為單胞胎而第二胎生育多胞胎者。

（二）第一胎係生育多胞胎子女，且已報領實物配給有案者，其第二胎以上之子女，仍應受三口限制。

（三）本案自民國七十七年十二月二十八日起實施。

主席 邱創煥 決行

人事處處長 李光雄

二六

臺灣省政府函
中華民國七十八年一月十四日
七八府人三字第一二四二三號

受文者：本府所屬各機關
各省營事業機構
各縣市政府

副本收受者：本府人事處（三科）

主旨：關於本省彰化縣政府課員楊宙明違法失職案，業經公務員懲戒委員會議決「楊宙明降二級改敘。」除函由彰化縣政府照案執行外，茲抄送議決書全文，希知照。

說明：

一、依據公務員懲戒委員會七十八年一月五日以府人三字第八三九七〇號令核定停職，現經公務員懲戒委員會議決降二級改敘，除函照案執行外，並依公務員懲戒法第六條規定予以復職。

二、查楊員前經本府七十五年九月十六日以府人三字第八三九七〇號函令核定停職，現經公務員懲戒委員會議決降二級改敘，除函照案執行外，茲抄送議決書全文，希知照。

主席 邱創煥

本案依分層負責規定授權主管科長決行

公務員懲戒委員會議決書

中華民國七十七年十二月二十日
鑑字第六七一號

被付懲戒人 楊宙明 男 年四十六歲 臺灣省彰化縣政府課員 臺灣省彰化縣人 住彰化市介壽新村三二七號

主文

楊宙明降二級改敘。

事實

右被付懲戒人因違法失職案件，經臺灣省政府送請審議，本會議決如左：

範例（1）

臺灣省政府移送審略謂:一、右被付懲戒人楊宙明明知其當時承辦逾建管導工作,並未負責審核建築執照發照工作,竟於七十四年三月二十五日未經建設局核收發拼證,擅自私下收取胡坤炎之建築執照申請書,明知胡坤炎來具有農民身分,且依規定不准建與建自用農舍之建築執照,竟逸越權責,對於非主管之事務代為決行,並予以核發使用執照,業經法院判決為有期徒刑一年、減為有期徒刑六月,緩刑四年確定。二、楊員右開行為,核有公務員懲戒法第二條第一款違法之情事,受依同法第十九條之規定,移請審議。附檢察官起訴書、法院刑事判決影本各二份。

一、省府77年12月27日77府人三字第一二二一三〇七號移送審違法失職事實欄憑空記述之「事實」,均非「真實」,根本未經合法調查,根本未能查明,未記述具體事實。另查卷內臺中高等分院77年26民國七十七年度上更㈡字第一二五號判決及最高法院77年11月47七十七年度臺上字第五一九一號判決認定之事實,證明來源不可靠。

二、本案主要的事實經過,詳見附件㈠、㈢、㈣、㈤、㈥、㈦、㈧、㈨等內容:
附件㈠:即77年12月6日行政申辯書(申辯事理)。
附件㈡:即77年7月31日刑事上訴及理由狀(記述真實事件始末,無語問蒼天)。
附件㈢:75年6月6簽呈(陳請長官依法查處,以利澄清,證明各長官作為而不作為)。
附件㈣:75年6月21簽呈(請長官依法查究,以示法治,證明行政事件未能查明,辨別是非,毫無具體事證以前,僅以「辦法」否定「法律」,證明不負責任。)
附件㈤:76年11月16申請審(停職令,程序違法,請求收回,准予復職)。
附件㈥:76年11月19七十六彰府人二字第一五五一七九三號書函(竟在行政事件未能查明,辨別是非,毫無具體事證以前,僅以「辦法」否定「法律」,證明停職令之處分,適法不當。)
附件㈦:75年8月29臺灣時報及附件㈧76年1月23臺灣時報(證明被付懲戒人之名譽早已毀損無遺)

三、心如海洋千尋底,深沉寧靜自屈敬,請諸位委員大公,秉公處理,付諸一炬。

臺灣省政府公報七十八年春字第十六期

「理性」・理由

被付懲戒人楊宙明係臺灣省彰化縣政府課員,民國六十九年間,彰化縣福興鄉民胡坤炎因在其岳父尤金山所有坐落彰化縣福興鄉秀安段一〇六號土地上,與建門牌號碼彰化縣福興鄉同安村用路一段六十七號農舍,未依法申請建造執照及使用執照,於七十三年間經福興鄉公所通知應予拆除,胡坤炎乃向彰化縣政府提出建造執照及使用執照申請書,楊宙明當時承辦逾建管理工作,並未負責審核建築執照發照事宜,竟擅自取下該申請書且明知胡坤炎附戶籍簿本職業欄記載之職業為「無」,又無自耕能力證明書,顯非具有農民身分,另在設農業區域內亦無農地或農場,依規定(都市計畫法臺灣省施行細則第二十七條第一款)不准申請與建自用農舍之建造執照,竟於七十四年三月二十五日在胡坤炎之自用農舍建造執照審查結果欄第三項「土地權利證明文件」及第四項「起造人是否具有現耕農民身分及確無農舍」之審查結果欄內以打「✓」記號,表示符合申請要件之不實記載,復於胡坤炎同時提出之實施區域自用農舍使用執照申請書審查結果欄內,明知審核並未檢附建造執照,亦無核准圖樣及建築物竣工圖,竟於該審查表第一項「有無附建造執照」及第二項「有無檢附建造物竣工照片及竣工圖」及第三項「竣工建築與核准圖樣或竣工圖樣是否相符」之審查結果欄內以打「✓」記號,表示符合申請要件之不實記載,代為決行,予以核發使用執照,足以生損害於彰化縣政府於公金上建築管理之正確。案經設察署檢察官提起公訴,經歷審法院列述罪刑,復經臺灣高等法院臺中分院七十七年度上更㈡字第一二五號判決:「楊宙明公務員明知為不實之事項,而登載於職務上所掌之公文書,處有期徒刑一年、減為有期徒刑六月。」確定在案。是楊宙明有公務員違失責任,無可諉卸,申辯不足採駁回,楊宙明緩刑四年,應予議處。

茲上論結,被付懲戒人楊宙明違失責任,應受懲戒,爰依同法第二十四條前段、第九條第一項第三款及第十三條議決如主文。

公 告

一七

檔　號：
保存年限：

臺灣彰化地方法院檢察署　函

地址：彰化縣員林鎮中山路 2 段 240 號
傳真：(04)8337426

郵遞區號
地址：臺中市復興路 1 段 207 巷 9 號 6 樓之 1
受文者：楊宙明　君

中華 民國 玖拾 肆年 壹月 貳金？

發文日期：
發文字號：彰檢輝 勇 93 他 2156 字第　1412　號
速別：
密等及解密條件或保密期限：
附件：

主旨：本署偵辦 93 年度他字第 2156 號，查無任何具體犯罪事證，
　　　業已簽准結案，請　查照。

說明：

一、復　台端 93 年 12 月 2 日申告狀。

二、本件檢舉內容略以：被告徐英一、劉瑞煌、卓遂佳、曾敏
　　裕、蕭文謙、李健鴻、辛玉舜、陳善豹、黃川水、楊文德、
　　賴育秀、黃隆傳、洪晟閎、吳扶安、阮剛猛、莊正強、施
　　國華、李武雄、蔡俊輝、詹昭書等二十人涉有偽造文書及
　　圖利罪嫌云云；經查上開檢舉內容並無任何具體犯罪事證。

正本：楊宙明　君
副本：

檢察長　張斗輝

檢察檢吳怡盈決行

範例（2）

臺灣臺中地方法院檢察署　函

地　址：臺中市自由路1段91號
承辦人：端股書記官張志賢　傳真：04-22246246
聯絡方式：(04)22232311 轉5212

地址：台中市南區復興路一段207巷9號6樓之1

受文者：楊宙明　君

發文日期：中華民國玖肆年武月雜日發文
發文字號：中檢守端93他2341字第 12350 號
速別：
密等及解密條件或保密期限：
附件：如文

主旨：本署93年度他字第2341號沈應南偽造文書一案，查無犯罪嫌疑，已予結案，請　查照。

說明：

一、復　台端93年10月4日申告單。

二、本件被告等均為臺中高等行政法院法官，且　台端所指之臺中高等行政法院92年訴字第928號案件係分由許武振承辦，該裁定亦為被告三人具名所為，被告等自無涉有偽造文書罪責。至於　台端認被告等有未調查證據部份，應依行政救濟程序對該裁定提出抗告，尚難遽認被告等人犯罪。

正本：楊宙明　君

副本：

檢察長陳守煌

檢察官張曉雯決行

最 高 行 政 法 院 裁 定

94年度裁字第00367號

抗 告 人　楊宙明　住臺中市南區復興路1段207巷9號6樓之1

上列抗告人與相對人彰化縣政府間因獎懲事件，對於中華民國92

年11月26日臺中高等行政法院92年度訴字第928號裁定提起抗告

，本院裁定如下：

　　主　文

抗告駁回 [印章：書記官 陳盛信]

抗告訴訟費用由抗告人負擔 [印章：書記官 陳盛信]

　　理　由

一、按「原告之訴，有下列各款情形之一者，行政法院應以裁定

　　駁回之。‧‧‧‧十、起訴不合程式或不備其他要件者。」行

　　政訴訟法第107條第1項第10款定有明文。次按「中央或地方

　　機關依公務人員考績法或相關法規之規定，對公務員所為之

　　免職處分，直接影響其憲法所保障之服公職權利，受處分之

　　公務員自得行使憲法第16條訴願及訴訟之權。該公務員已依

　　法向該管機關申請復審及向銓敘機關申請再復審或以類此之

　　程序謀求救濟者，相當於業經訴願、再訴願程序，如仍有不

　　服，應許其提起行政訴訟，方符有權利即有救濟之法理。行

　　政法院51年判字第398號、53年判字第229號、54年裁字第19

　　號、57年判字第414號判例與上開意旨不符部分，應不再援

範例（3）

用。至公務人員考績法之記大過處分，並未改變公務員之身分關係，不直接影響人民服公職之權利，上開各判例不許其以訴訟請求救濟，與憲法尚無牴觸。」司法院釋字第243號解釋有案。

二、本件原裁定以：相對人以抗告人為彰化縣大村鄉戶政事務所課員，因辦理民眾賴清俊、賴王阿勉申請房屋門牌改編一案，有公務人員考績法施行細則第13條第1項第2款第1目規定之情事，以90年12月6日90彰府人二字第215799號令記大過一次之處分；又因辦理民眾申請印鑑證明案件，作為吹毛求疵，嚴重影響戶政工作之執行，亦損及政府機關形象，又向相對人檢舉其主任洪晟閔圖利惡民，枉法改編門牌案，經相對人調查，與事實不符，損害公務人員聲譽，依公務人員考績法施行細則第13條第1項第2款第1目規定，以91年9月23日府人二字第09101804270號令亦予記一大過處分。查抗告人為彰化縣大村鄉戶政事務所課員，屬公務人員，相對人以抗告人有上開事由，依公務人員考績法之規定，二度各記一次大過處分，並未改變抗告人公務員之身分關係，而直接影響抗告人服公職之權利，依司法院釋字第243號解釋意旨，尚不得提起訴訟請求救濟，是本件抗告人訴請撤銷相對人上開二處分，難認合法，因引行政訴訟法第107條第1項第10款規定，駁回抗告人之訴。抗告人抗告意旨以，相對人前揭各記

一大過處分僅憑幻想及推測之詞，未經合法調查，處分內容不實且與事理顯明不符（有違），原裁定有理由不備之違法等語。惟揆諸首揭說明，原裁定核無違誤，抗告論旨難認有理由，應予駁回。

三、依行政訴訟法第104條、民事訴訟法第95條、第78條，裁定如主文。

中　華　民　國　　94　　年　　3　　月　　10　　日

　　　　　　第三庭審判長法　官　廖　政　雄

　　　　　　　　　　法　官　黃　合　文

　　　　　　　　　　法　官　鍾　耀　光

　　　　　　　　　　法　官　姜　仁　脩

　　　　　　　　　　法　官　胡　國　棟

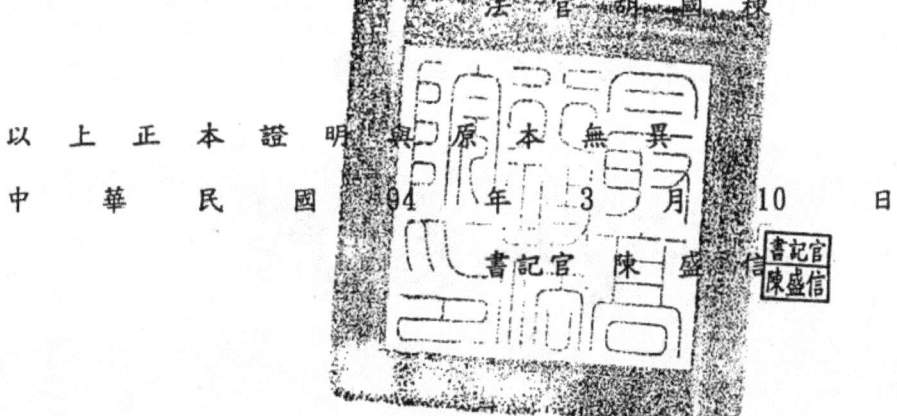

以　上　正　本　證　明　與　原　本　無　異

中　華　民　國　　94　　年　　3　　月　　10　　日

　　　　　　　　　　書記官　陳　盛　信

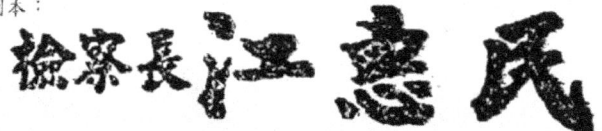

檔　　號：
保存年限：

臺灣臺中地方法院檢察署　函

地　址：臺中市自由路1段91號
承辦人：實股書記官　傳真：04-22246246
聯絡方式：(04)22232311

地址：台中市南區復興路一段207巷9號6樓之1

受文者：楊宙明先生

發文日期：中華民國玖肆年參月貳拾肆日
發文字號：中檢惠實94他652字第　28084　號
速別：
密等及解密條件或保密期限：
附件：如文

主旨：本署受理94年他字第652號王茂修等偽造文書案件，經查無犯罪實據，業於94年3月24日簽准結案，請　查照。

說明：

一、本件係依　台端94年2月1日申告單辦理。

二、經查：本件因不服臺中高等行政法院法官王茂修等三人合議駁回台端對彰化縣政府之行政訴訟裁定，認三位法官在所承辦之93年度訴字第00547號案所製作之裁定書涉有偽造文書之嫌，惟按對該裁定如有不服，應向最高行政法院提起抗告，該裁定書內已載明，本件與台端所指之公務員登載不實之偽造文書，顯然不符，是依主旨所示辦理。

正本：楊宙明先生
副本：

檢察長江惠民

檢察官林弘政決行

范例（4）

正本

彰化縣政府　函

地址：彰化市中山路 2 段 416 號
聯　絡　人：黃文賢
聯絡電話：(04) 7266335 轉 2045
傳　　真：(04) 7245195

台中市南區復興路一段 207 巷 9 號 6 樓之 1
受文者：楊宙明先生

發文日期：中華民國 94 年 4 月 22 日
發文字號：府城計字第 0940073512 號
速別：速件
密等及解密條件或保密期限：普通
附件：

主旨：有關台端為本府依都市計畫法定程序辦理之「彰化市」及「鹿港福興」都市計畫圖（1/1000 重製圖）公告並同時廢止原 1/3000 都市計畫圖提出請願乙案，復如說明二、三，請　查照。

說明：

一、依據內政部營建署 94 年 3 月 3 日營授辦審字第 0943580124 號函轉台端 94 年 2 月 17 日請願狀辦理（副本諒達）。

二、本案因查調歷年所陳及相關判決、裁定書等檔案文件資料費時，故迄今方予核復，先予敘明。有關旨揭所陳彰化市及鹿港福興都市計畫事件，經查自民國 80 幾年迄今，同一相關案由事件，台端曾屢次向本府及相關業務單位之主辦同仁、主管甚至承辦檢察官、法官等提出陳情、告訴、訴願、再訴願及行政訴訟等多達數十案，惟案經檢察官不起訴之處分，經訴願、再訴願、行政訴訟決定或裁定駁回為最後確定結果。近期所陳旨揭彰化市及鹿港福興都市計畫圖重製公告等事件，台端均有再提起訴願、行政訴訟，且案業經內政部訴願審議委員會 90 年 7 月 26 日台（90）內訴字第 9005442 號審議決定（彰化市都市計畫）及臺中高等行政法院 89 年度訴字第 826 號（彰化市都市計畫）、93 年度訴字第 00547 號（鹿港福興都市計畫）裁定駁回在案（諒達）。另查同旨揭鹿港福興都市計畫圖請願案，本府業以 94 年 2 月 22 日府城計字第 0940030723 號函復

範例（5）

台端並副知相關陳訴單位有案。

三、綜上所述，歷年來台端從任公職期間至現為退休人員，對彰化市及鹿港福興都市計畫不斷的提出陳情、告訴、訴願、再訴願及行政訴訟等；且案均有明確之判決或裁定。然台端屢次無稽之陳情行為，已嚴重造成相關公務部門行政資源之浪費。按人民陳情案同一事由，經予適當處理，並已明確答覆後，而仍一再陳情者，得不予處理，行政程序法第 173 條第二款已有明確規定，故台端嗣後對旨揭二都市計畫再行提出同一相關案情事由，本府當依上開規定不再予處理核復。

正本：楊宙明先生

副本：立法院、內政部營建署、臺中高等行政法院、本府研考室、本府法制室、本府政風室、本府人事室、本府城鄉發展局

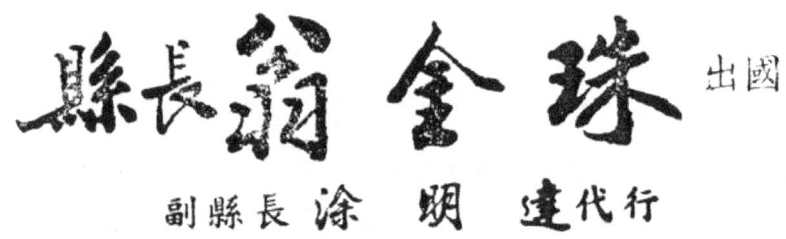

縣長 翁金珠 出國

副縣長 涂明達 代行

正本

發文方式：郵寄

檔　號：

保存年限：

公務人員保障暨培訓委員會　函

402
臺中市南區復興路1段207巷9號6樓之1

地址：11601台北市文山區試院路1之3號
傳真：02-82367079

受文者：楊宙明先生

發文日期：中華民國94年5月10日
發文字號：公保字第0940001908號
速別：最速件
密等及解密條件或保密期限：普通
附件：如文

主旨：檢送楊宙明先生因考績事件提起復審案，本會94年5月3日94
　　　公審決字第0079號復審決定書正本一份，請　查照。

正本：楊宙明先生(臺中市南區復興路1段207巷9號6樓之1)、彰化縣政府、彰化縣大村鄉
　　　戶政事務所
副本：考試院、本會保障處（均含決定書正本乙份）

主任委員　周弘憲

本案依分層負責授權政務副主任委員決行

範例（6）

公務人員保障暨培訓委員會復審決定書　94公審決字第0079號

復　審　人：楊苗明

　　　　　　出生年月日：32年1月22日

　　　　　　住址：臺中市南區復興路1段207巷9號6樓之1

　　　　　　國民身分證統一編號：N103303706

　　復審人因考績事件，不服彰化縣政府民國90年3月2日90彰府人二字第39010號考績通知書、彰化縣大村鄉戶政事務所91年4月17日彰村戶字第09100000877號考績通知書及92年3月18日彰村戶字第09200000661號考績通知書，提起復審案，本會決定如下：

　　　主　　文

復審不受理。

　　　理　　由

一、按公務人員保障法（以下簡稱保障法）第4條第1項規定：

　　「公務人員權益之救濟，依本法所定復審、申訴、再申訴之程序行之。」第25條第1項前段規定：「公務人員對於服務機關或人事主管機關……所為之行政處分，認為違法或顯然不當，致損害其權利或利益者，得依本法提起復審。」第61條第1項規定：「復審事件有下列各款情形之一者，應為不受理決定：一、……七、對不屬復審救濟範圍內之事項，提起復審者。」及同條第3項規定：「第一項第七款情形，如屬應提起申訴、再申訴事項，公務人員誤提復審者，保訓會應移轉申訴受理機關依申訴程序處理，並通知該公務人員，不得逕為不受理決定。」是依上開規定，復審之提起以行政處分為標的，所稱行政處分，除參照行政程序法第92條第1項規定，係指行政機關就公法上具體事件所為之決定或其他公權力措施而對外直接發生法律效果之單方行政行為外，依司法院歷次相關解釋意旨，尚以足以改變公務人員身分關係，或

1

於公務人員權利有重大影響，或基於公務人員身分所產生之公法上財產請求權遭受損害等事項，為得提起復審之範圍。至於申訴、再申訴，依保障法第77條第1項規定，則以服務機關對公務人員所為之管理措施或有關工作條件之處置為標的。所稱管理措施，乃指除屬復審範圍之事項外，機關為達行政目的所為之作為或不作為，而有具體事實存在者均屬之。參照司法院釋字第266號解釋，公務人員對於未改變其公務人員身分之考績結果如有不服，因係機關之管理措施範圍，僅得依保障法規定提起申訴、再申訴，尚不得以復審之程序請求救濟；公務人員執意循復審程序為救濟者，依前揭保障法第61條第1項規定，本會即應為不受理決定。

二、卷查本件復審人係不服彰化縣政府90年3月2日90彰府人2字第39010號考績通知書核布其89年年終考績考列乙等70分、彰化縣大村鄉戶政事務所91年4月17日彰村戶字第09100000877號考績通知書核布其90年年終考績考列丙等69分，及92年3月18日彰村戶字第09200000661號考績通知書核布其91年年終考績考列丙等68分。茲以前揭復審人所不服之標的，並未改變其公務員身分，揆諸前揭說明，係屬服務機關所為之管理措施，應屬申訴、再申訴事項，尚不得據以提起復審。次查復審人不服上開考績通知書所核定89年年終考績考列乙等及90年年終考績考列丙等之評定，曾依法提起再申訴，並分經本會以90年6月12日90公申決字第0099號再申訴決定書及91年9月10日91公申決字第0211號再申訴決定書均決定：「再申訴駁回。」在案。由保障法第84條並未準用第72條規定觀之，本會係再申訴事件之最終審理機關，一經本會為再申訴決定，事件即告確定，不得以同一事由更為爭執，是上開決定應已確定。復查復審人不服89年年終考績亦

2

會騎縫章

　　曾提起復審，前經本會以93年2月24日93公審決字第0034號
復審決定書決定：「復審不受理。」並於該決定書中敘明系
爭標的乃屬機關管理措施事項，應循申訴、再申訴程序救濟
等語，是復審人對於保障法所定復審及申訴、再申訴程序，
應有所知。本件復審人就其年終考績乙、丙等之評定，仍以
復審程序提起救濟，衡諸前揭規定與說明，於法即有未合，
應不予受理。

　　據上論結，本件復審為不合法，爰依公務人員保障法第61條第1
項第7款決定如主文。

公務人員保障暨培訓委員會主 任 委 員　周　弘　憲

副 主 任 委 員　鄭　吉　男

委　　　　員　李　若　一

委　　　　員　周　志　宏

委　　　　員　周　世　珍

委　　　　員　陳　淞　山

委　　　　員　廖林　麗　貞

委　　　　員

委　　　　員

委　　　　員

委　　　　員

中　華　民　國

主任委員 周弘憲

依公務人員保障法第72條第1項規定，如不服本決定，得於本決

3

臺中高等行政法院裁定

94年度再字第00005號

再審原告　　楊宙明　　　　住台中市南區復興路1段207巷9號6
　　　　　　　　　　　　　樓之1

　　　　　　　　　　　　　身分證統一編號：N103303706

再審被告　　彰化縣政府　　設彰化縣彰化市中山路2段416號

代　表　人　翁金珠　　　　住彰化縣彰化市中山路2段416號

上列當事人間因獎懲事件，再審原告對本院民國92年11月26日92
年度訴字第928號裁定及最高行政法院民國94年3月10日94年度裁
字第367號裁定聲請再審，本院裁定如下：

　　　主　文

再審原告之訴駁回

再審訴訟費用由再審原告負擔

　　　理　由

一、按「裁定已經確定者，而有第273條之情形者，得準用本編
　　之規定，聲請再審。」、又「有左列各款情形之一者，得以
　　再審之訴對於確定終局判決聲明不服。但當事人已依上訴主
　　張其事由或知其事由而不為主張者，不在此限：‧‧‧　、
　　當事人發見未經斟酌之證物或得使用該證物者。但以如經斟
　　酌可受較有利益之裁判者為限。　、原判決就足以影響於判
　　決之重要證物漏未斟酌者。」行政訴訟法第283條、第273條
　　第1項第13款、第14款分別定有明文。

二、本件再審原告對本院92年度訴字第928號裁定及最高行政法
　　院民國94年3月10日94年度裁字第367號裁定聲請再審，聲明

範例（7）

：　台中高院92年度訴字第928號裁定枉法撤銷。　最高法院94年度裁字第367號裁定枉法撤銷。　彰府90年12月6日彰府人二字第215799號人令（大村戶所91年4月17日彰村戶字第09100000877號通知考績，枉法撤銷），改爲記功、考績改爲甲等。　彰府91年9月23日府人字第09101804270號令及大村戶所92年3月18日彰村戶字第09200000661號通知，枉法均應撤銷，改爲記功、考績改爲甲等。　補發年終獎金以及考績獎金，合計（90年、91年）新台幣26萬元正。　判決書應在當期彰化縣政府公報登載。其理由略謂：原裁定故意漏去再審原告2005年3月2日之行政證據調查聲請狀內完整蒐集之事實始末公文文件，即「如何判斷文書眞假」乙書計139頁，乃依行政訴訟法第273條第13款、第14款聲請再審等語。

三、經查，前引再審原告訴之聲明第1、2項所載，依其聲請狀所附本院判決及「最高行政法院裁判主文通知」記載，探求再審原告之眞意，應分別指本院92年度訴字第928號裁定及最高行政法院94年度裁字第367號裁定而言。次查，再審原告於本院92年度訴字第928號訴訟繫屬中並未提出「如何判斷文書眞假」乙書，迨抗告程序中，始於94年3月2日具狀（行政證據調查聲請狀）郵寄該書予最高行政法院，業據再審原告提出該行政證據調查聲請狀載明甚詳，並經本院調閱原卷審認屬實（見最高行政法院93年度抗字第8號卷第56頁），堪認爲眞實。上開證據既經再審原告於原確定裁定審理中提出，足見再審原告早已知悉該項證物，自非所謂「發現未經斟酌之證物」，再審原告依行政訴訟法第273條第1項第13款聲請再審即無理由。

四、再查，本院原確定裁定係以原告（即本件再審原告）受被告
（即本件再審被告）記大過之處分，並未改變公務員之身份
，不直接影響原告服公職之權利，不得提撤銷訴訟，而以原
告之訴不合法駁回原告之訴，亦即本院原確定裁定係以原告
之訴不備其他訴訟要件而駁回原告之訴。最高行政法院原確
定裁定亦認原確定裁定並無違誤，而予維持。換言之，原確
定裁定係認再審原告之訴不合法，而駁回其訴，依據行政訴
訟法之規定即無庸就實體之事實及證物加以審酌。又最高行
政法院為法律審，應以高等行政法院判決所確定之事實為判
決基礎，此由行政訴訟法第242條、第254條第1項規定觀之
即明，再審原告於抗告審始提出上開證物，依法亦無庸斟酌
。準此，上開證物並非所謂「足以影響於（原確定）裁定之
重要證物」，再審原告以本院及最高行政法院原確定裁定未
斟酌上開證物，依行政訴訟法第273條第1項第14款聲請再審
亦無理由。

五、依行政訴訟法第283條、第278條第1項、第104條、民事訴訟
法第95條、第78條，裁定如主文。

中　華　民　國　94　年　5　月　31　日

第二庭　審判長　法　官　王德麟

法　官　莊金昌

法　官　許金釵

以上正本證明與原本無異。
如不服本裁定，應於裁定送達後10日內以書狀敘明理由，經本院
向最高行政法院提起抗告，並依對造人數附具繕本；並應預繳
送達用雙掛號郵票390元、34元及5元郵票各10份。

中　華　民　國　94　年　5　月　31　日

檔　號：
保存年限：

臺灣彰化地方法院檢察署　函

地址：彰化縣員林鎮中山路 2 段 240 號
傳真：(04)8337426

郵遞區號
地址：臺中市南區復興路 1 段 207 巷 9 號 6 樓之 1
受文者：楊宙明先生

發文日期：
發文字號：彰檢榮 仁 94 他 1242 字第 48107　號
速別：
密等及解密條件或保密期限：
附件：

主旨：本署偵辦 94 年度他字第 1242、1243、1262、1334、1365、
　　　1366、1407、1408、1409 等號案件業已簽准結案，請　查照。

說明：

一、上開案件係　台端指述彰化縣政府、公務人員保障暨培訓
　　委員會、高等行政法院法官或本署函覆　台端之文書涉有
　　偽造文書等罪嫌。

二、惟查，　台端就同一或相類案件，一再向本署或其他政府
　　機關檢舉或陳情，結果均認　台端所述並無具體事證，而
　　未構成犯罪。此外　台端復未提出其他新事實、新證據足
　　供調查，故無法即遽論上開被告等應負偽造文書之刑責。

正本：楊宙明先生
副本：

檢察長 陳榮宗

主任檢察官郭棋澇決行

範例（8）

檔　　號：
保存年限：

臺灣彰化地方法院檢察署　函

地址：彰化縣員林鎮中山路 2 段 240 號
傳真：(04)8337426

郵遞區號
地址：臺中市南區復興路 1 段 207 巷 9 號 6 樓之 1
受文者：楊宙明　君

發文日期：中華民國玖拾伍年貳月捌日
發文字號：彰檢榮勇 95 他 127 字第　04919　號
速別：
密等及解密條件或保密期限：
附件：

主旨：本署 95 年度他字第 127 號、128 號、129 號、130 號、131
　　　號、132 號徐英一、劉瑞煌、阮剛猛、黃石城、施哲雄、蕭
　　　文謙、陳啟鐘、鄭錫全、蘇義等人涉嫌偽造文書一案，已
　　　予結案，請　查照。

說明：

一、復　台端 94 年 5 月 6 日、94 年 5 月 18 日、94 年 5 月 26
　　日、94 年 5 月 27 日、94 年 5 月 30 日及 94 年 6 月 1 日之
　　申告。

二、本案被告徐英一、蘇義、鄭錫全部份：按同一案件非有刑事
　　訴訟法第 260 條各款之情形，不得再行起訴，刑事訴訟法
　　第 260 條定有明文。本件被告徐英一、蘇義所犯之犯罪事
　　實，分別與本署 83 年度偵字第 9281 號、85 年度偵字第
　　2309 號、88 年度偵字第 3187、4217、8965 號案之犯罪
　　事實相同，為同一案件，而該案業經不起訴處分確定，有
　　不起訴處分書附卷可稽。揆諸前揭說明，自不得再行追訴。

三、被告劉瑞煌部分：檢舉人雖檢舉被告劉瑞煌涉有偽造文書
　　罪嫌，然就檢舉人所提彰化縣鹿港、福興都市計畫內
　　C269、C174 等樁位檢測等相關資料影本觀之，並無任何

範例（9）

　　　具體事證以供審酌，尚難僅憑申告人片面指摘，據認被告劉瑞煌涉有犯嫌，且此部分事實，業經本署檢察官以94年度他字第31號案調查後，認無任何具體事證，而予以簽結。

四、另本件申告人所申告被告阮剛猛、梁銀海、王傳盛、楊德勝、曾德城、黃石城、施哲雄、蕭文謙、陳啟鐘、彰縣都計委員、內政部都計委員等涉有不法情事部分，亦未提供具體事證以供調查，且所申告之內容均與「彰化縣鹿港、福興都市計畫」有關，而該申告內容亦經本署檢察官分別以83年度偵字第9281號、88年度偵字第3187、4217、8965、93年度他字第1892、1970、2129號及94年度他字第31號等案調查後，均認無不法情事，而予以不起訴處分或簽結在案。

五、綜上，本件申告人既未提出任何具體事證，即要求本署發動偵查或對業經處分及簽結之案件重新調查，顯屬無據，爰將本件遂予以報結。

六、本案聯絡人：勇股書記官，電話：（04）8357274 轉 292。

正本：楊宙明　君（臺中市南區復興路1段207巷9號6樓之1）
副本：

　　　檢察長 陳榮宗

　　　　檢察官卓俊忠決行

副本

彰化縣政府 函

地址：彰化市中山路 2 段 416 號
聯 絡 人：林美妘
聯絡電話：(04)7222151 轉 1432
傳　　真：(04)7229145

臺中市南區復興路 1 段 207 巷 9 號 6 樓之 1
受文者：楊宙明先生

發文日期：中華民國 95 年 8 月 8 日
發文字號：府人二字第 0950152830 號
速別：速件
密等及解密條件或保密期限：普通
附件：如主旨

主旨：檢送本府行政訴訟再審答辯狀暨 90 年 12 月 6 日府人二字
　　　第 215799 號、91 年 9 月 23 日府人二字第 09101804270 號
　　　處分卷影本及磁片一片，請 查照。
說明：復 貴院 95 年 7 月 28 日中高行祥審一 95 再 00027 字第
　　　0950003099 號函。

正本：臺中高等行政法院
副本：楊宙明先生、本府人事室

縣長卓伯源

範例（10）

中華民國 95 年 8 月 8 日

彰化縣政府行政訴訟再審答辯狀 府人二字第 095015850 號
案號：95 年度再字第 00027 號

再審相對人：彰化縣政府　　　　　址設：彰化市中山路 2 段 416 號
代　表　人：縣長 卓伯源　　　　　址設：彰化市中山路 2 段 416 號
再審聲請人：楊宙明　　　　　　　　址設：台中市南區復興路 1 段 207
　　　　　　　　　　　　　　　　　　巷 9 號 6 樓之 1

為再審聲請人因獎懲事件，依法提出答辯事：

　　聲明
一、請求駁回再審之聲請。
二、再審聲請程序費用由再審聲請人負擔。

　　事實
　　　　再審聲請人不服再審相對人(即彰化縣政府)90 年 12 月 6 日
彰府人二字第 215799 號令及 91 年 9 月 23 日府人二字第
09101804270 號令各記一大過之處分，循序提出申訴及再申訴，
均經公務人員保障暨培訓委員會以 91 年 4 月 16 日 91 公申決字第
66 號及 92 年 1 月 21 日 92 公申決字第 11 號決定「再申訴駁回」
(見證 1)。復向該會提起復審案，亦經該會以 92 年 10 月 28 日 92
公審決字第 268 號決定「復審不受理」(見證 2)，不服向貴院提
起行政訴訟，並經貴院 92 年 11 月 26 日 92 年度訴字第 928 號裁
定「原告之訴駁回」後(見證 3)，向最高行政法院提起抗告，亦
經該院 94 年 3 月 10 日 94 年度裁字第 367 號裁定「抗告駁回」(見
證 4)。惟再審聲請人不服前開貴院裁定及最高行政法院確定裁
定，以具有行政訴訟法第 273 條第 1 項第 13、14 款事由向貴院聲
請再審，經貴院 94 年 5 月 31 日 94 年度再字第 5 號裁定「再審原
告之訴駁回」暨 95 年 3 月 30 日 95 年度再字第 1 號裁定「再審之
聲請駁回」(見證 5)，不服又向最高行政法院提起抗告，復經最
高行政法院 95 年 4 月 20 日 95 年度裁字第 782 號裁定「抗告駁回」
(見證 6)。再審聲請人仍未甘服，遂對貴院提起本件再審之聲請。

理　由

一、查聲請人(即再審聲請人)因不服相對人(即再審相對人)90年12月6日彰府人二字第215799號令及91年9月23日府人二字第09101804270號令各記一大過之處分,有關此二處分之具體明確事證業經公務人員保障暨培訓委員會審議完結,並無不當。

二、次查再審之聲請人就同一事件,反覆以同一再審事由聲請再審,惟行政訴訟法第273條第1項第13款就「當事人發現未經斟酌之證物」,須在原審確定裁定中未經提出或使用者為限,現聲請人所提出「如何判斷文書真假」之證據既於原確定裁定中提出,足見其早已知悉該項證物且經裁定駁回,自非所謂「發現未經斟酌之證物」,聲請人依行政訴訟法第273條第1項第13款聲請再審即無理由;再查聲請人受相對人記大過之處分,並未改變公務員之身分,不直接影響聲請人服公職之權利,有大法官釋字第243號解釋可據,自不得提起撤銷訴訟,是貴院92年度訴字第928號裁定以其訴不合法駁回其訴,經最高行政法院94年度裁字第367號裁定「抗告駁回」確定在案,並無違誤。準此,上開聲請人所提出之證物因不能改變其非得以行政救濟之事實,自非所謂「足以影響於(原確定)裁定之重要證物」,故貴院95年度再字第1號裁定「再審之聲請駁回」,於法亦無不合,而最高行政法院95年度裁字第782號裁定更無不當。是本件再審聲請人以行政訴訟法第273條第1項第14款為再審聲請之理由,仍無可採。

三、綜上,再審聲請人此舉實無理由可言,揆其用意,希圖矇蔽,為此依法提起答辯,狀請 鈞院鑒核駁回其聲請,並令負擔程序費用,以維法紀。

　此　致

台中高等行政法院　公鑒

　證1:91年4月16日九一公申決字第66號及92年1月21日92

公申決字第 11 號公務人員保障暨培訓委員會再申訴決定書影本。

證 2：92 年 10 月 28 日 92 公審決字第 268 號決定書影本。

證 3：92 年 11 月 26 日 92 年度訴字第 928 號裁定書影本。

證 4：94 年 3 月 10 日 94 年度裁字第 367 號裁定書影本。

證 5：94 年 5 月 31 日 94 年度再字第 5 號、95 年 3 月 30 日 95 年度再字第 1 號裁定書影本。

證 6：95 年 4 月 20 日 95 年度裁字第 782 號裁定書影本。

具狀人：彰化縣政府
代表人：縣長 卓伯源

中　華　民　國　95　年　8　月　3　日

臺中高等行政法院裁定

九十五年度再字第二七號

聲　請　人　楊宙明　　　　住台中市南區復興路一段二〇七巷
九號六樓之一

上列聲請人與彰化縣政府間因獎懲事件，聲請人對本院中華民國
九十四年五月卅一日九十四年度再字第五號裁定聲請再審。本院
裁定如下：

主　文

再審之聲請駁回

再審聲請費用由聲請人負擔

理　由

一、按「裁定已經確定，而有第二百七十三條之情形者，得準用
本編之規定，聲請再審。」、「有左列各款情形之一者，得
以再審之訴對於確定終局判決聲明不服。但當事人已依上訴
主張其事由或知其事由而不爲主張者，不在此限：‧‧‧亖
當事人發見未經斟酌之證物或得使用該證物者。但以如經斟
酌可受較有利益之裁判者爲限。亖原判決就足以影響於判決
之重要證物漏未斟酌者。」、「再審之訴，應以訴狀表明左
列各款事項，並添具確定終局判決繕本，提出於管轄行政法
院爲之：‧‧‧亖再審理由及關於再審理由並遵守不變期間
之證據。」分別爲行政訴訟法第二百八十三條、第二百七十
三條第一項第十三款、第十四款及第二百七十七條第一項第
四款所明定。是對於行政法院裁定聲請再審，依行政訴訟法
第二百八十三條準用同法第二百七十七條第一項第四款之規

1

範例（11）

定，必須表明「再審理由及關於再審理由並遵守不變期間之
證據。」所謂表明再審理由，必須指明其所聲請再審之裁定
，有如何合於行政訴訟法第二百七十三條所定再審事由之具
體情事始爲相當，倘僅泛言有何條款之再審事由，而無具體
情事，即難謂已表明再審事由，其再審之聲請，即屬不合法
（最高行政法院八十九年度裁字第一六九三號裁定意旨參照
）。又行政訴訟法第二百八十三條規定之準再審，係對於確
定裁定聲請再審，是關於其聲請之裁判及開始程序後所爲本
案之裁判均應以裁定爲之。

二、本件聲請人爲彰化縣大村鄉戶政事務所課員，前因辦理民眾
賴清俊、賴王阿勉申請房屋門牌改編一案，經彰化縣政府以
民國九十年十二月六日九〇彰府人二字第二一五七九九號令
記大過一次之處分；其後因辦理民眾申請印鑑證明一案，又
經該府以九十一年九月二十三日府人二字第〇九一〇一八〇
四二七〇號令記大過一次之處分。聲請人對前揭記大過處分
均不服，循序提起行政訴訟，經本院九十二年十一月廿六日
九十二年度訴字第九二八號裁定，以系爭二大過之處分並未
改變聲請人公務員身分，尚不得提起訴訟請求救濟爲由，駁
回其訴。聲請人不服提出抗告，又經最高行政法院以九十四
年三月十日九十四年度裁字第三六七號裁定，以原審裁定並
無違誤而予駁回。聲請人對上開二裁定，以其有行政訴訟法
第二百七十三條第一項第十三款及第十四款之再審事由，向
本院提起再審之訴，經本院九十四年五月卅一日九十四年度
再字第五號裁定，而駁回聲請人再審之訴。聲請人仍不服，
提出抗告，復經最高行政法院九十五年四月廿日九十五年度
裁字第七八二號裁定，以原審即本院該裁定並無違誤而予駁

回。嗣聲請人又對前揭本院九十二年度訴字第九二八號裁定及最高行政法院九十四年度裁字第三六七號裁定,以其有上開二款規定之再審事由,向本院提起再審之訴,經本院九十五年三月廿三日九十五年度再字第一號裁定,以其聲請再審顯無理由,予以駁回,該裁定並因聲請人未提起抗告而告確定。聲請人復就前揭最高行政法院九十五年度裁字第七八二號裁定及本院九十五年度再字第一號裁定,仍以有上開二款規定之再審事由聲請再審,亦經本院九十五年七月六日以九十五年度再字第廿三號裁定駁回其再審之聲請。

三、本件聲請人聲請意旨略以:彰化縣政府確為「是非顛倒、坐實冤案」,是本院九十四年度再字第五號裁定顯有再審理由,請求與本院九十五年度再字第一號及九十五年度再字第廿三號裁定,為同一事件及相同新事證,一起重行再審等語。惟按聲請人於九十五年六月五日對本院九十五年度再字第一號裁定聲請再審,經本院以九十五年度再字第廿三號事件受理,嗣本院再於九十五年七月六日以九十五年度再字第廿三號裁定駁回其再審之聲請,有前案查詢表在卷可稽。而本件聲請人於九十五年六月三十日向本院請求本院九十四年度再字第五號裁定與本院九十五年度再字第一號及九十五年度再字第廿三號裁定合併再審,因此時本院九十五年度再字第廿三號再審事件尚未裁定,是本件聲請人顯係對於本院九十四年度再字第五號裁定與前述本院九十五年度再字第一號裁定,以有相同之再審事由,聲請再審。

四、經查,本件聲請人係以有行政訴訟法第二百七十三條第一項第十三款及第十四款規定之情形為再審理由,對本院九十五年度再字第一號裁定,具狀聲請再審,經本院分九十五年度

3

再字第廿三號再審事件審理。惟聲請人於本院再字第廿三號事件卷附之聲請人再審聲請狀及行政聲請兼答覆狀，僅泛言：「賴清俊夫婦、洪晟閩、辛玉舜等人共同以門牌整編圖利；另吳扶安代理吳漢謀申請之印鑑證明，與彰化縣大村鄉戶政事務所檔案室登記之印鑑圖章完全不同。故系爭記大過令函之理由及內容，係為有關高官自編、自導、自演，均非事實。本件相關證據請詳見本院九十五年度再字第一號裁定卷附之藍皮書、紅皮書、事實流程及說明文件、聲請人九十五年六月二日所提行政再審聲請狀相關內容。」請求將本院九十五年度再字第一號裁定廢棄，是本件聲請人對於本院九十四年度再字第五號裁定聲請再審，依前開所述，應係以相同之再審事由，聲請再審。

五、惟按本件聲請人以本院九十四年度再字第五號裁定，有行政訴訟法第二百七十三條第一項第十三款及第十四款之再審事由，而聲請再審，該裁定要旨為聲請人所提「如何判斷文書真假」乙書，業經聲請人於本院九十二年度訴字第九二八號原確定裁定審理中提出，足見聲請人早已知悉該項證物，非屬「發現未經斟酌之證物」，且本院原確定裁定係以聲請人之訴不合法，予以駁回。又聲請人對本院九十四年度再字第五號裁定聲請再審，依上開本院九十五年度再字第廿三號事件卷附之聲請人再審聲請狀及行政聲請兼答覆狀，及其本件提出之行政聲請兼答覆狀及行政再審聲請㈡狀，均未表明該裁定有符合行政訴訟法第二百七十三條第一項第十三款及第十四款規定再審事由之具體情事，經本院於九十五年七月十日裁定通知其補正，聲請人於同月十四日之行政再審申請狀所載事由，亦未對此補正，揆諸首揭說明，其對原裁定聲請

再審，於法不合，應予駁回。

六、另聲請人為彰化縣大村鄉戶政事務所課員，屬公務人員，彰化縣政府以聲請人有上開事由，依公務人員考績法之規定，二度各記一次大過處分，並未改變聲請人公務員之身分關係，而直接影響聲請人服公職之權利，尚不得提起行政訴訟，請求救濟，經本院九十二年度訴字第九二八號裁定意旨說明在案，於本件併再指明。

七、依行政訴訟法第二百八十三條、第二百七十八條第一項、第一百零四條，民事訴訟法第九十五條、第七十八條，裁定如主文。

中　華　民　國　95　年　8　月　21　日
　　　　第三庭審判長法　官　沈　應　南
　　　　　　　　　　法　官　林　秋　華
　　　　　　　　　　法　官　許　武　峰

以上正本證明與原本無異。

如不服本裁定，應於裁定送達後10日內以書狀敘明理由，經本院向最高行政法院提起抗告（須依對造人數附具繕本）；並應預繳送達用雙掛號郵票390元（34元及5元郵票各10份）。

中　華　民　國　95　年　8　月　23　日
　　　　　　　　　　書記官　陳　鼎　鈞

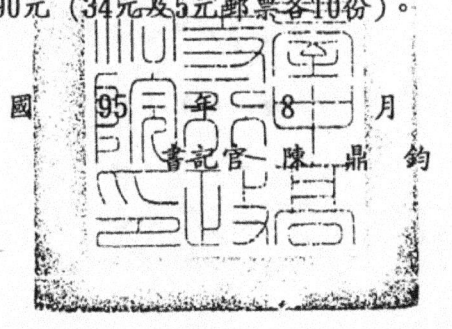
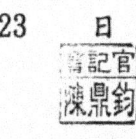

檔　　號：
保存年限：

臺灣彰化地方法院檢察署　函

地址：彰化縣員林鎮中山路2段240號
傳真：(04)8337426

郵遞區號
地址　臺中市復興路1段207巷9號6樓之1
受文者：楊宙明　先生
發文日期：中華民國玖拾陸年貳月廿柒日
發文字號：彰檢榮廉心95他2281字第　　號
速別：
密等及解密條件或保密期限：
附件：

07722

主旨：本署95年度他字第2281、2401號、96年他字第336、348號被告阮剛猛等人偽造文書等案，經查並無不法情事，本件依法終結，請　查照。

說明：

一、依台端95年10月23日及95年11月7日、96年2月6日申告及告訴狀案件辦理。

二、本件告訴意旨略以：台端於民國90、91年間所為公務行為係合法正當，惟彰化縣大村鄉戶政事務所、彰化縣政府考績委員會、彰化縣政府有關人員竟偽造彰化縣大村鄉大溪路10之3號門牌整編證明、解釋文、會議紀錄、處分令、處分公文。而公務人員保障暨培訓委員會委員、臺灣彰化地方法院檢察署檢察官、臺灣彰化地方法院法官、高等行政法院法官、最高行政法院法官明知無證據、無事實、無法規、無理性，竟偽造決定書、處分書、判決書、裁定書等，因認被告阮剛猛等人涉有刑法偽造文書及瀆職罪嫌。

第一頁　共三頁

範例（12）

三、經查，台端前因檢舉彰化縣大村鄉大溪路 10 號門牌重新改編一案，歷經彰化縣政府、大村鄉戶政事務所、本署檢察官調查，結果均認未涉所告發之犯罪事實，台端並因此遭記一大過懲處，此有本署 90 年 9 月 25 日彰檢朝新字第41330 號函、彰化縣大村鄉戶政事務所 90 年 11 月 13 日彰村戶字第 2228 號函及彰化縣政府 90 年 12 月 6 日 90 彰府人二字第 215799 號令在卷足憑，而該懲處案與彰化縣政府91 年 9 月 23 日府人二字第 09101804270 號令記一大過之懲處案，已分別經台端依法提出申訴、再申訴，惟均遭彰化縣政府駁回申訴而維持原處分及公務人員保障暨培訓委員會駁回其再申訴，此有彰化縣政府 90 年 12 月 19 日 90 彰府人二字第 224683 號函、91 年 11 月 8 日府人二字第09102116330 號函、公務人員保障暨培訓委員會 91 公申決字第 0066 號再申訴決定書、92 公申決字第 0011 號再申訴決定書及臺中高等行政法院 92 年度訴字第 928 號裁定附卷可參，堪認該 2 次記一大過懲處之行政處分，並無違法之情形，故台端指陳彰化縣大村鄉戶政事務所與彰化縣政府有關人員及參與該懲處案之彰化縣政府考績委員會委員及公務人員保障暨培訓委員會委員涉有刑法偽造文書及瀆職

罪嫌，實屬無據。

四、次查，檢察官及法官訴訟指揮、調查證據、適用法條，依法均屬其職權之事項，其依偵查及審理所得之證據，本於自由心證而調查之結果，若台端認有何不妥而不服，依法自應循再議、交付審判、抗告之途徑救濟，自不能僅以各該承辦檢察官及法官承辦台端所訴案件時未予台端滿意之答覆，即遽論本署檢察官、臺灣彰化地方法院法官、高等行政法院法官、最高行政法院法官應負偽造文書及瀆職之刑責。況台端已就相同或類似之內容向各相關機關及本署多次提出檢舉，並經本署檢察官依所檢舉內容多次偵查及查覆，且經查證均無所檢舉之犯罪事實，此外，復查無何人涉有何犯罪嫌疑。

五、本案聯絡人：廉股書記官，電話：（04）8357274 轉 255。

正本：楊宙明先生
副本：

檢察長 陳榮宗
主任檢察官林樹蘭決行

公務人員保障暨培訓委員會復審決定書　96公審決字第0478號

復　　審　　人：楊宙明

　　　　　　　　　出生年月日：32年1月22日

　　　　　　　　　住址：臺中市南區復興路1段207巷9號6
　　　　　　　　　樓之1

　　　　　　　　　國民身分證統一編號：N103303706

　　復審人因懲處事件，不服彰化縣政府民國90年12月6日90彰
府人二字第215799號令及91年9月23日府人二字第09101804270號
令，提起復審案，本會決定如下：

　　　主　　　文
復審不受理。

　　　理　　　由

一、按公務人員保障法（以下簡稱保障法）第4條規定：「公務人
　　員權益之救濟，依本法所定復審、申訴、再申訴之程序行
　　之。……。」第25條第1項前段規定：「公務人員對於服務機
　　關或人事主管機關……所為之行政處分，認為違法或顯然不
　　當，致損害其權利或利益者，得依本法提起復審。」第77條
　　第1項規定：「公務人員對服務機關所為之管理措施或有關工
　　作條件之處置認為不當，致影響其權益者，得依本法提起申
　　訴、再申訴。」復按保障法第61條第1項規定：「復審事件有
　　下列各款情形之一者，應為不受理決定：一、……。六、對
　　已決定或已撤回之復審事件重新提起復審者。七、對不屬復
　　審救濟範圍內之事項，提起復審者。……。」是依上開規
　　定，公務人員對應提起申訴、再申訴範圍之事項，提起復審
　　者；或對已確定之復審事件重行提起復審者，均為法所不
　　許，應予不受理，合先敘明。

二、卷查復審人原任彰化縣大村鄉戶政事務所課員，前因不服彰

1

範例（13）

化縣政府90年12月6日90彰府人二字第215799號令及91年9月23日府人二字第09101804270號令所為懲處,循序提起復審及行政訴訟,因該二令係屬應依申訴、再申訴救濟範圍之事項,均非屬上揭保障法復審事項範圍所稱行政處分,分別經本會92年10月28日92公審決字第0268號復審決定書決定:「復審不受理。」、臺中高等行政法院92年11月26日92年度訴字第928號裁定駁回原告之訴,及最高行政法院94年3月10日94年度裁字第00367號裁定駁回抗告在案。今復審人復對同一事件再提起復審,係對非行政處分及已確定之事件重行提起救濟,有違一事不再理原則,依首揭規定,顯非合法,應不予受理。

三、至復審人訴稱依法聲請復審確認懲處令無效乙節。按公務人員保障法所定復審救濟程序,係以撤銷原處分機關之行政處分為標的,且上開公務人員保障法亦無得請求確認行政處分無效之規定。是復審人上開請求,於法無據,併予敘明,

據上論結,本件復審為不合法,爰依公務人員保障法第61條第1項第6款及第7款決定如主文。

公務人員保障暨培訓委員會 主 任 委 員　劉　守　成

副 主 任 委 員　沈　昆　興

副 主 任 委 員　鄭　吉　男

委　　　　員　李　若　一　來

委　　　　員　顏　秋　來　利

委　　　　員　翁　興　利　美

委　　　　員　仇　桂　美　鈴

委　　　　員　楊　美　鈴　山

委　　　　員　陳　淞　山　銓

委　　　　員　吳　登　銓

2

66

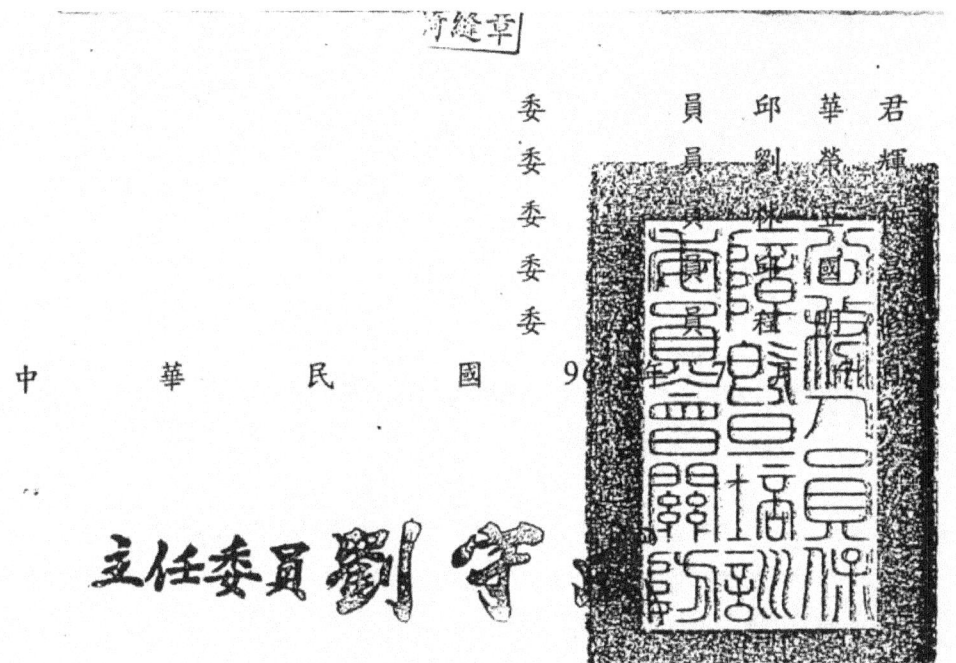

委員 邱 華 君
委員 劉 榮 輝
委員
委員
委員
委員

中　華　民　國　9

主任委員 劉 守

依公務人員保障法第72條第1項規定，如不服本決定，得於本決定書送達之次日起2個月內向臺中高等行政法院（臺中市五權南路99號）提起行政訴訟。

經本會所為之復審決定確定後，有拘束各關係機關之效力。

檔　號：
保存年限：

臺灣宜蘭地方法院檢察署　函

地址：宜蘭市中山路2段261號
傳真：03-9365872

郵遞區號 502
地址：彰化縣芬園鄉大埔村彰南路4段603號
受文者：告訴人蕭榮茂

發文日期：中華民國玖拾陸年捌月拾柒日發文
發文字號：宜檢明和95他1726字第11923號
速別：
密等及解密條件或保密期限：
附件：

主旨：台端告訴被告林義忠等人涉嫌本署95年度他字第1726號
　　　貪污治罪條例一案，查無犯罪事實，已予結案，請　查照。

說明：

一、復　台端95年11月8日刑事告訴狀。

二、本案聯絡人：和股書記官楊婷婷，電話：(03)9334561 轉
　　318。

正本：告訴人蕭榮茂
副本：

檢察長　何明楨

檢察官 張立言 決行

範例（14）

檔　號：
保存年限：

臺灣臺中地方法院檢察署　函

地　　址：臺中市自由路1段91號
承辦人：敏股書記官顏淑萍　傳真：04-22246246
聯絡方式：(04)22232311 轉 5242

郵遞區號：
地址：台中市復興路1段207巷9號6樓之1
受文者：楊宙明 君

發文日期：中華民國玖拾陸年玖月拾日　發文
發文字號：中檢輝　敏 95 他 7365字第　　　號
067595
速別：
密等及解密條件或保密期限：
附件：如文

主旨：本署 95 年度他字第 7365 號沈應南　偽造文書乙案，已予結案，請　查照。

說明：

一、復　台端 95 年 12 月 13 日告發狀。

二、本件經查被告沈應南、黃淑玲、許武峰等人審理臺端指陳之案件，已將裁判駁回之理由詳載於裁判書中之事實，而衡諸被告等人於裁判書所為之論述，均係本於法律、法理及大法官會議解釋所為之合法判斷，無何枉法裁判或偽造文書等之情事，此外亦查無其他積極證據足認被告等人涉有何罪嫌。

正本：楊宙明 君
副本：

檢察長 張斗輝

檢察官林鈴淑決行

範例（15）

正　本

發文方式：郵寄

檔　　號：

保存年限：

公務人員保障暨培訓委員會　書函

地址：11601台北市文山區試院路1之3號
電話：02-82367000
傳真：02-82366919

402
臺中市南區復興路1段207巷9號6樓之1

受文者：楊宙明先生
發文日期：中華民國97年12月26日
發文字號：公保字第0970013021號
速別：普通件
密等及解密條件或保密期限：普通
附件：

主旨：台端就本會91年4月16日91公申決字第0066號再申訴決定書，
　　　向本會提起行政再審聲請狀一案，復如說明，請　查照。

說明：

一、依台端民國97年12月22日行政再審聲請狀辦理。

二、按有法定再審情形之一者，得以再審之訴對於確定終局判決
　　聲明不服；再審之訴，應以訴狀表明法定事項，提出於管轄
　　行政法院為之，行政訴訟法第273條第1項及第277條分別定
　　有明文，而公務人員保障法並無再審之規定，合先敘明。

三、次按公務人員保障法第94條第1項規定：「復審事件經保訓
　　會審議決定，除復審人已依法向司法機關請求救濟者外，於
　　復審決定確定後，有下列情形之一者，原處分機關或復審人
　　得向保訓會申請再審議。……。」及第84條規定：「申訴、
　　再申訴除本章另有規定外，準用第三章第二十六條至第四十
　　二條、第四十三條第三項、第四十四條第四項、第四十六條
　　至第五十九條、第六十一條至第六十八條、第六十九條第一
　　項、第七十條、第七十一條第二項、第七十三條至第七十六
　　條之復審程序規定。」是依上開規定，復審事件經本會審議
　　決定確定後，除復審人已依法向司法機關請求救濟者外，如
　　發現有再審議之事由，原處分機關或復審人得申請再審議。
　　至於再申訴事件因公務人員保障法第84條並未準用第94條至

範例（16）

第101條再審議之規定，是於本會所為之再申訴決定確定後，該救濟程序即為終結，再申訴人尚不得依首揭再審議程序申請再審議。倘對本會再申訴決定申請再審議，於法即有未合。茲台端因懲處事件，不服彰化縣政府90年12月19日90彰府人二字第224683號函之函復，向本會提再申訴，業經本會以91年4月16日91公申決字第0066號再申訴決定書駁回在案。台端就上開再申訴決定不服，向本會提起行政再審聲請狀於法即有不合。且台端所不服者既係本會再申訴決定，揆諸首揭規定，本件台端因懲處事件依公務人員保障法提起救濟之程序已終結，不得再為爭執。

正本：楊宙明先生(臺中市南區復興路1段207巷9號6樓之1)
副本：

公務人員保障暨培訓委員會

正　本

發文方式：郵寄

檔　號：

保存年限：

公務人員保障暨培訓委員會　函

地址：11601台北市文山區試院路1之3號
電話：02-82367000
傳真：02-82366919

402
臺中市南區復興路1段207巷9號6樓之1

受文者：楊宙明先生
發文日期：中華民國98年1月15日
發文字號：公保字第0970013409號
速別：普通件
密等及解密條件或保密期限：普通
附件：

主旨：台端就本會民國91年4月16日91公申決字第0066號及92年1月
　　　21日92公申決字第0011號再申訴決定書，向本會提起行政復
　　　審及再審議聲請狀一案，復如說明

說明：

一、依台端未署日期（本會收文日期97年12月31日）之行政復審
　　及再審議聲請狀辦理。

二、按公務人員保障法（以下簡稱保障法）並無就本會再申訴決
　　定另提「行政復審及再審議」之救濟程序規定，合先敘明。
　　次按保障法第84條申訴、再申訴未準用第72條第1項規定：
　　「保訓會復審決定依法得聲明不服者……依法向該管司法機
　　關請求救濟。」則再申訴事件，一經本會為決定，即告確定。
　　復以同法第91條第1項前段規定：「保訓會所為保障事件之
　　決定確定後，有拘束各關係機關之效力……。」觀之，本會
　　係再申訴事件之最終審理機關，任何人不得以同一事由更為
　　爭執。

三、茲查台端不服彰化縣政府90年12月6日90彰府人二字第
　　215799號令及91年9月23日府人二字第09101804270號令，提
　　起救濟，除經本會以旨揭二再申訴決定書為決定外，台端曾
　　就相同之標的提起復審，亦經本會以96年7月17日公審決字

範例（17）

第0478號復審決定書為決定。另台端以不服本會92公申決字第0011號再申訴決定書之決定，向本會提起復審案，本會亦以93年2月10日93公審決字第0022號復審決定。又查台端亦就上開標的多次向本會提起行政再審聲請狀、再審聲請書、復審以及行政再審聲請狀或向監察院提出陳情書等等，迭經本會函復以，有關上開事件之救濟程序業已終結，不得再為爭執在案。以台端就同一事由重複爭執，顯有違權利禁止濫用原則之嫌，爾後台端如以同一事由再行來函，本會將不予函復。

正本：楊宙明先生(臺中市南區復興路1段207巷9號6樓之1)
副本：

主任委員 張明珠

本案依分層負責規定授權業務主管決行

副本

彰化縣政府 函

地址：彰化市中山路 2 段 416 號
聯 絡 人：賴育秀
聯絡電話：(04)7222151 轉 1433
傳　　真：(04)7229145

台中市南區復興路一段 207 巷 9 號 6 樓之 1
受文者：楊宙明先生

發文日期：中華民國 98 年 2 月 3 日
發文字號：府人二字第 0980016881 號
速別：普通件
密等及解密條件或保密期限：普通
附件：復審聲請狀正本、附件暨答辯書相關文件各 1 份

主旨：檢送本縣大村鄉戶政事務所前課員楊宙明復審聲請狀正本、附件暨本府復審答辯書及相關文件各 1 份，請 查照。

說明：依據楊宙明 2009 年元月 18 日復審聲請狀辦理。

正本：公務人員保障暨培訓委員會
副本：楊宙明先生、本府法制處、本府人事處

縣長 卓伯源

範例（18）

彰化縣政府復審答辯書

復審人：楊宙明　　　　　　　址設：台中市南區復興路一段 207
　　　　　　　　　　　　　　　　　巷 9 號 6 樓之 1

原處分機關：彰化縣政府　　　址設：彰化縣彰化市中山路 2 段
　　　　　　　　　　　　　　　　416 號

代表人：縣長　卓伯源　　　　址設：彰化縣彰化市中山路 2 段
　　　　　　　　　　　　　　　　416 號

　　上復審人因懲處事件，不服本府 90 年 12 月 6 日 90 彰府人二字第
215799 號令及 91 年 9 月 23 日府人二字第 09101804270 號令各記一大
過之處分提起復審一案，謹依法答辯如次：

答辯聲明：復審不受理。

　　事實
　　緣復審人原係本縣大村鄉戶政事務所課員，因受理民眾申請門牌
改編一事，有公務人員考績法施行細則第 13 條第 1 項第 2 款第 1
目規定之情事，被本府以 90 年 12 月 6 日 90 彰府人二字第 215799
號令予以記一大過處分，嗣又辦理民眾申請印鑑證明案件，作為吹
毛求疵，嚴重影響戶政工作之執行，亦損及政府機關形象且檢舉其
主任圖利惡民，枉法改編門牌案經查與事實不符，損害公務人員聲
譽，亦被本府以 91 年 9 月 23 日府人二字第 09101804270 號令記一
大過處分，復審人不服，乃提起本復審。

　　理由
一、按公務人員保障法第 61 條第 1 項第 6 款規定：「復審事件有下
　　列各款情形之一者，應為不受理決定：六、對已決定或已撤回
　　之復審事件重行提起復審者。」。
二、經查復審人不服本府 90 年 12 月 6 日彰府人二字第 215799 號令

核予之記一大過懲處，業依公務人員保障法規定提出申訴，嗣不服申訴函復，向貴會提出再申訴，經貴會以本府依考績法施行細則第13條第1項第2款第1目規定核予再申訴人記一大過之懲處，核無不當，駁回再申訴(91年4月16日91公申決字第0066號再申訴決定書，見證1)。至91年9月23日府人二字第09101804270號令核予記一大過之懲處，復審人亦依前開規定提出申訴並於不服本府申訴函復後，復又向貴會提出再申訴，仍為貴會以本府核無不當決定駁回，並附記經貴會所為之再申訴決定，不得以同一事由復提再申訴(92年1月21日92公申決字第0011號再申訴決定書，見證2)。

三、次查復審人於上開再申訴決定確定後，復以不服上開各記一大過之處分令為由提起復審案，惟經貴會以懲處令係屬機關之管理措施，非屬復審救濟範圍事項，決定復審不受理在案(92年10月28日92公審決字第0268號復審決定書，見證3)，復審人復於96年6月以不服上開各記一大過之處分令為由提起復審案，亦經貴會以復審人對同一事件再提起復審，係對非行政處分及已確定之事件重提救濟，有違一事不再理原則審議決定復審不予受理（96年7月17日96公審決字第0478號復審決定不予受理，見證4）。

四、今復審人再對本府90年12月6日彰府人二字第215799號令及91年9月23日府人二字第09101804270號令提起復審，以公路法等相關法律主觀認定大村鄉大庄段1145-6地號上非法改編門牌及吳扶安印鑑不符，並未就該二處分之具體事實提出新事證，所據以復審之理由，難認有理，又本府均依事實認定並依相關法令規定秉公核處，尚無楊員所訴處分令毫無證據、內容不實、是非顛倒之情事(本府91年第8、9次考績委員會議紀錄可稽)，且有關原此二處分之具體明確事證亦經貴會審議並無不當，揆諸首揭法條規定，應為不受理之決定。

五、綜上，本件復審案為不合法，謹請依法為不受理決定。

六、檢附相關文件各1份。

謹　陳
公務人員保障暨培訓委員會

　　　　　　　　　　　答辯機關：彰化縣政府
　　　　　　　　　　　代 表 人：縣長　卓伯源

中　華　民　國　98　年　2　月　3　日

副本

監察院　函

地址：台北市忠孝東路 1 段 2 號
傳　真：（02）23410324

40256
台中市南區復興路 1 段 207 巷 9 號 6 樓之 1
受文者：楊宙明君

發文日期：中華民國 98 年 2 月 9 日
發文字號：(98)院台業貳字第 0980160858 號
速別：
密等及解密條件或保密期限：
附件：如文

主旨：據楊宙明君陳訴：為渠因辦理核發胡坤炎建築執照，遭法院判決偽造公文書罪確定，並遭貴府移送懲戒，認貴府未詳查實情，涉有違失等情乙案，請參處逕復並副知本院。

說明：
一、下列事項請一併詳予敘明：
（一）本案始末為何？有關貴府核定自用農舍補照申請案之相關法律規定為何？是否可由承辦人代為決行？
（二）據稱當時貴府主任秘書主持協調會後，決議由楊君接辦，惟公務員懲戒委員會 77 年 12 月 30 日鑑字第 6111 號議決書卻載明「楊宙明當時承辦違建督導工作，並未負責審核建築執照發照事宜」，實情如何？
二、檢附陳訴書及附件影本各乙份。
三、陳訴人地址：台中市南區復興路 1 段 207 巷 9 號 6 樓之 1。

正本：彰化縣政府
副本：楊宙明君、本院監察業務處

院長　王建煊

校對 劉彤彤 監印 陳印臣

第1頁（共1頁）

範例（19）

正本

彰化縣政府　函

地址：彰化市中山路2段416號
聯絡人：賴育秀
聯絡電話：(04)7222151 轉 1433
傳真：(04)7229145

台中市南區復興路一段207巷9號6樓之1
受文者：楊宙明先生

發文日期：中華民國98年2月18日
發文字號：府人二字第0980034811號
速別：普通件
密等及解密條件或保密期限：普通
附件：

主旨：台端控訴90、91年各記一大過之處分沒有證據、事實、理由，是非顛倒，請求平反一案，復如說明，請查照。

說明：

一、復　台端98年2月11日控訴書。

二、有關台端不服90、91年各記一大過之處分，均按相關程序提出救濟，亦歷經各機關予以駁回在案，詳情請參閱本府98年2月3日府人二字第0980016881號函檢卷答辯公務人員保障暨培訓委員會並副知台端之答辯書。

三、另台端因獎懲事件，不服各級司法機關判決，前向最高行政法院提起抗告案，業經最高行政法院裁定：「抗告駁回。抗告訴訟費用由抗告人負擔。」（最高行政法院94年3月10日裁定書94年度裁字第00367號）。台端又因記大過、考績及年終獎金事件，亦向司法機關請求國家賠償，亦經台灣彰化地方法院94年4月8日民事判決書判決：「上訴駁回。第二審訴訟費用由上訴人負擔。」且不得上訴（93年度國簡上字第2號）在案。

四、綜上所陳，台端控訴之各項事實，本府均循序辦理，尚無洵誤。

正本：楊宙明先生
副本：本府縣長室、本府計畫處（列管號碼：108）、本府人事處

縣長 卓伯源

本案依分層負責規定授權主管處長決行
第1頁（共1頁）

範例（20）

副本

彰化縣政府　函

地址：彰化市中山路 2 段 416 號
聯　絡　人：蘇政益
聯絡電話：(04)7222151 轉 0533
傳　　真：(04)7283622

402
台中市南區復興路 1 段 207 巷 9 號 6 樓之 1
受文者：楊宙明君

發文日期：中華民國98年3月4日
發文字號：府建管字第0980049324號
速別：普通件
密等及解密條件或保密期限：普通
附件：

主旨：有關大院調查關於據楊宙明君陳訴：為渠因辦理核發胡坤炎建築執照，遭法院判決偽造公文書罪確定，並遭本府移送懲戒，認本府未詳查實情，涉有違失等情乙案，復如說明，請查照。

說明：

一、依據大院98年2月9日（98）院台業貳字第0980160858號函辦理。

二、有關楊君陳訴之情事，因年代久遠，而陳訴書中所提及相關人員皆已離職或已不在本府服務，所附資料多已銷毀或遺失，且未有提供有關公文供查，歉難檢送資料供參。

正本：監察院
副本：楊宙明君、本府建設處

縣長 卓伯源

本案依分層負責規定授權主管處長決行

範例（21）

副本

監察院 函

地址：台北市忠孝東路1段2號
傳 真：（02）23584307

40256
台中市南區復興路1段207巷9號6樓之1
受文者：楊宙明君

發文日期：中華民國98年3月4日
發文字號：(98)院台業貳字第0980161681號
速別：
密等及解密條件或保密期限：
附件：如文

主旨：據楊宙明君陳訴：為渠任職貴縣大村鄉戶政事務所課員期
　　　間，依法經辦賴王阿勉女士申請改編門牌號碼案件，卻遭
　　　記大過處分，貴府未經合法調查致損及權益，涉有違失請
　　　求平反等情乙案，請妥處逕復並副知本院。

說明：
　　一、檢附陳訴書影本乙份。
　　二、陳訴人地址：台中市南區復興路1段207巷9號6樓之
　　　　1。

正本：彰化縣政府
副本：楊宙明君、本院監察業務處

院長　王建煊

範例（22）

檔　　號：
保存年限：

臺灣彰化地方法院檢察署　函

地址：彰化縣員林鎮中山路2段240號
傳真：(04)8337426

台中市南區復興路一段207巷9號6樓之一
受文者：楊宙明　君
發文日期：中華民國 玖拾 捌年 叁月 陸日
發文字號：彰檢良 敬 98 他 175字第　　　　號
速別：
密等及解密條件或保密期限： 08996
附件：

主旨：本署98年度他字第175號謝榮盛等人瀆職一案，因無具體
　　　事證，已予結案，請　查照。

說明：

　一、復　台端98年1月16日之刑事申告。

　二、本案聯絡人：敬股，電話：(04) 8357274。

正本：楊宙明　君
副本：

　　檢察長 施良波

　　　檢察官陳茂亭決行

範例（23）

正本

彰化縣政府　函

地址：彰化市中山路2段416號
聯　絡　人：賴育秀
聯絡電話：(04)7222151 轉 1433
傳　　真：(04)7229145

台中市南區復興路一段207巷9號6樓之1
受文者：楊宙明先生

發文日期：中華民國98年3月11日
發文字號：府人二字第0980052117號
速別：普通件
密等及解密條件或保密期限：普通
附件：

主旨：接監察院交下台端2009年2月25日陳訴略以，因經辦民眾申請門牌改編案件遭記大過處分，請求平反等情，敬悉並復如說明，請查照。

說明：
一、依據監察院 98 年 3 月 4 日（98）院台業貳字第 0980161681 號函辦理。

二、有關台端不服本府 90 年 12 月 6 日彰府人二字第 215799 號令核予之記一大過處分，前依公務人員保障法規定向本府提出申訴，嗣不服申訴函復（本府 90 年 12 月 19 日 90 彰府人二字第二二四六八三號函），向公務人員保障暨培訓委員會提出再申訴，並經該會以本府依考績法施行細則第 13 條第 1 項第 2 款第 1 目規定核予再申訴人記一大過之懲處，核無不當，駁回再申訴(91 年 4 月 16 日 91 公申決字第 0066 號再申訴決定書)。

三、次查台端不服本府 90 年 12 月 6 日彰府人二字第 215799 號令及 91 年 9 月 23 日府人二字第 09101804270 號令核予各記一大過之處分，前向公務人員保障暨培訓委員會提起復審，經該會決定：「復審不受理」（九二公審決字第○二八六），台端不服該決定，循序向各級行政法院提起救濟，歷經台中高等法院裁定：「原告之訴駁回。訴訟費用由原告負擔。」（九十二年度訴字第九二八號）、最高行政法院裁定：「抗告駁回。抗告訴訟費用由抗告人負擔。」（95 年度裁字地 00782 號）。

範例（24）

四、綜上，台端向監察院提出陳訴狀所陳各項，本府均循序辦
　　理，尚無泏誤。

正本：楊宙明先生
副本：監察院、本府計畫處（列管號碼：13）、本府人事處

縣長　卓伯源

蓋章

公務人員保障暨培訓委員會復審決定書　98公審決字第0044號

復　審　人：楊宙明

　　　　　　出生年月日：32年1月22日

　　　　　　住址：臺中市南區復興路1段207巷9號6

　　　　　　樓之1

　　　　　　國民身分證統一編號：N103303706

　　復審人因懲處事件，不服彰化縣政府民國90年12月6日90彰府人二字第215799號令及91年9月23日府人二字第09101804270號令，提起復審案，本會決定如下：

　　　主　　文

復審不受理。

　　　理　　由

一、按公務人員保障法第4條規定：「公務人員權益之救濟，依本法所定復審、申訴、再申訴之程序行之。……。」第25條第1項前段規定：「公務人員對於服務機關或人事主管機關……所為之行政處分，認為違法或顯然不當，致損害其權利或利益者，得依本法提起復審。」第77條第1項規定：「公務人員對服務機關所為之管理措施或有關工作條件之處置認為不當，致影響其權益者，得依本法提起申訴、再申訴。」及第61條第1項規定：「復審事件有下列各款情形之一者，應為不受理決定：一、……六、對已決定或已撤回之復審事件重新提起復審者。七、對不屬復審救濟範圍內之事項，提起復審者。……。」是依上開規定，公務人員對應提起申訴、再申訴之事項，提起復審者；或對已確定之復審事件重行提起復審者，均為法所不許，應不予受理。

二、卷查復審人原為彰化縣大村鄉戶政事務所課員，前因不服彰化縣政府90年12月6日90彰府人二字第215799號令及91年9月

1

範例（25）

23日府人二字第09101804270號令分別記一大過之懲處，循
序提起復審及行政訴訟，因該二令係屬應提起申訴、再申訴
之事項，均非屬上揭保障法復審事項所稱行政處分，遞經本
會92年10月28日92公審決字第0268號復審決定書決定：「復
審不受理。」、臺中高等行政法院92年11月26日92年度訴字
第928號裁定駁回原告之訴、最高行政法院94年3月10日94
年度裁字第00367號裁定駁回抗告均在案。復審人復就該二懲
處令重新向本會提起復審，亦經本會96年7月17日96公審決
字第0478號復審決定書決定：「復審不受理。」在案。今復
審人復對同一事件再提起復審，仍係對前揭非行政處分及已
確定之復審事件重行提起救濟，有違一事不再理原則，依首
揭規定，顯非合法，仍應不予受理。

三、又復審人就前揭懲處事項，既經行政救濟確定在案，仍一再
提起救濟，顯有濫用行政救濟及浪費爭訟資源之情形，核屬
權利濫用，併予敘明。

據上論結，本件復審為不合法，爰依公務人員保障法第61條第1
項第6款及第7款決定如主文。

公務人員保障暨培訓委員會 主 任 委 員	張 明 珠	
副 主 任 委 員	李 嵩 賢	
副 主 任 委 員	葉 維 銓	
委 員	吳 聰 成	
委 員	鐘 昱 男	
委 員	翁 興 利	
委 員	周 世 珍	
委 員	洪 文 玲	
委 員	陳 媛 英	
委 員	陳 淞 山	

委　　員　　吳　登　銓君
委　　員　　邱　華　輝
委　　員　　劉　榮　梅
委　　員　　林　昌　修

中　華　民　國

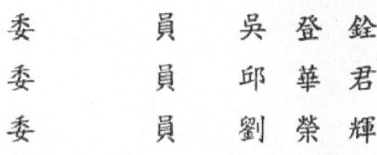

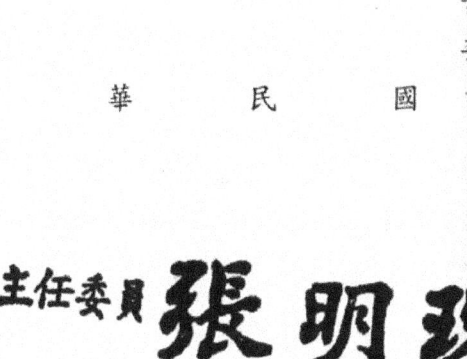

主任委員　張明珠

依公務人員保障法第72條第1項規定，如不服本決定，得於本決
定書送達之次日起2個月內向臺中高等行政法院（臺中市五權南
路99號）提起行政訴訟。

經本會所為之復審決定確定後，有拘束各關係機關之效力。

```
檔    號：
保存年限：
```

臺灣彰化地方法院檢察署　函

地址：彰化縣員林鎮中山路2段240號
傳真：(04)8337426

台中市南區復興路一段207巷9號6樓之一
受文者：楊宙明　君
發文日期：中華民國 玖拾 捌年 叁月 廿拾日
發文字號：彰檢良 敬 98 他 252字第　　　號
速別：
密等及解密條件或保密期限：
附件：

11445

主旨：本署98年度他字第252、264、272、291號莊政 等人瀆職
　　　一案，查無具體犯罪事證，已予結案，請　查照。

說明：

一、復　台端98年2月5日、6日、9日、10日之刑事申告。

二、本案聯絡人：敬股，電話：(04) 8357274。

正本：楊宙明　君
副本：

檢察長 施良波

檢察官陳茂亭決行

範例（26）

副本

監察院　函

地址：台北市忠孝東路1段2號
傳　真：（02）23410324

40256
台中市南區復興路1段207巷9號6樓之1
受文者：楊宙明君

發文日期：中華民國98年3月23日
發文字號：(98)院台業貳字第0980162046號
速別：
密等及解密條件或保密期限：
附件：如文

主旨：檢送楊宙明君續訴資料影本乙份，請併本院 98 年 2 月 9
　　　日(98)院台業貳字第 0980160858 號函參處逕復並副知本
　　　院。

正本：彰化縣政府
副本：楊宙明君、本院監察業務處

院長　王建煊

範例（27）

正 本

發文方式：郵寄

檔　號：

保存年限：

公務人員保障暨培訓委員會　函

地址：11601台北市文山區試院路1之3號
電話：02-82367072
傳真：02-82367079

702
臺中市南區復興路1段207巷9號6樓之1

受文者：楊宙明先生
發文日期：中華民國98年3月24日
發文字號：公保字第0980001280號
速別：普通件
密等及解密條件或保密期限：普通
附件：如主旨

主旨：楊宙明先生因懲處事件提起復審案，業經本會決定。茲檢送
　　　本會民國98年3月10日98公審決字第0044號復審決定書正本1
　　　份，請　查照。

正本：楊宙明先生(臺中市南區復興路1段207巷9號6樓之1)、彰化縣政府
副本：考試院、本會保障處(均含決定書正本1份)

主任委員 **張明珠**

本案依分層負責規定授權政務副主任委員決行

範例（28）

檔　　號：
保存年限：

臺灣彰化地方法院檢察署書記處通知

地址：彰化縣員林鎮中山路2段240號
傳真：(04)8337426

郵遞區號
地址：臺中市南區復興路一段207巷9號6樓之1
受文者：楊宙明　君

中華民國 玖拾 捌年 肆月 貳日

發文日期：
發文字號：彰檢良　收 98 他 447字第　　　　號
速別：
密等及解密條件或保密期限：
附件：

13399

主旨：本署 98 年度他字第 447 號　臺端告發鄭吉能瀆職一案，查
　　　無新事實、新證據，已予結案，請　查照。

說明：

一、本件係　臺端於 98 年 3 月 10 日至本署按鈴申告乙案。

二、本案同一事實前經本署 97 年他字第 178 號、1733 號以查
　　無實據簽結。

三、本案聯絡人：收股書記官張榮彰，電話：(04) 8357274 轉
　　235。

正本：楊宙明　君
副本：

檢察長 施良波

檢察官洪英丰決行

範例（29）

檔　　號：
保存年限：

臺灣彰化地方法院檢察署書記處通知

地址：彰化縣員林鎮中山路2段240號
傳真：(04)8337426

郵遞區號
地址：臺中市南區復興路一段207巷9號6樓之1
受文者：楊宙明 君

中華民國 玖拾 捌年 肆月 貳日

發文日期：
發文字號：彰檢良 收 98 他 447字第　　　號
速別：
密等及解密條件或保密期限：
附件：

13399

主旨：本署98年度他字第447號 臺端告發鄭吉能瀆職一案，查
　　　無新事實、新證據，已予結案，請 查照。

說明：

一、本件係 臺端於98年3月10日至本署按鈴申告乙案。

二、本案同一事實前經本署97年他字第178號、1733號以查
　　無實據簽結。

三、本案聯絡人：收股書記官張榮彰，電話：(04)8357274 轉
　　235。

正本：楊宙明 君
副本：

檢察長 施良波

檢察官洪英丰決行

範例（30）

復审声请状〉   是非颠倒案件。

声请人：杨审明, 66岁、男、N103303706,
台中市南区复兴路1段207巷9号6F-1。

原处分机关：彰化县政府 90年12月6日彰府人二字
第215799号令及91年9月23日府人二字第091.
0180.4270号令 枉法滥权：

1、毫無证据和事实。

2、是非颠倒。

3、根本未经合法调查（审议）。

4、涉及法令规定达8种之多。绝非人事人员及
法制人员所能负责的范围。有不能事项。

5、门牌改编、又整编 以及假印鑑证明、等
涉嫌闪 主动勾结顾清凌、及吴扶安。于90年
8月9日非法 找替死鬼 接办的。与復审
声请人 毫無关联性。

6、显击法律逻辑有违背。

7、与科学知识不符（反科学）。

8、贵府98年2月3日府人二字第09800/6881号函及
答辩书 内容，均书不实事项。证明根本未经
合法回审议之不实文书（刑法213）。

9、其他事实和证据 以及理由、结论。（详见2009年
元月18日 復审声请状及附证。）   敬致

彰化县政府   明鉴。

2009年4月6日   声请人 杨审明

範例（31）

正本

彰化縣政府　書函

地址：彰化市中山路 2 段 416 號
聯　絡　人：賴育秀
聯絡電話：(04)7222151 轉 1433
傳　　真：(04)7229145

台中市南區復興路一段 207 巷 9 號 6 樓之 1
受文者：楊宙明先生

發文日期：中華民國 98 年 4 月 10 日
發文字號：府人二字第 0980079318 號
速別：普通件
密等及解密條件或保密期限：普通
附件：

主旨：台端不服本府 90 年 12 月 6 日 90 彰府人二字第 215799 號
　　　令及 91 年 9 月 23 日府人二字第 09101804270 號令提起復
　　　審聲請狀一案，敬悉。

說明：
　一、復　台端 2009 年 4 月 6 日復審聲請狀。
　二、台端不服旨揭令所為處分，前於 2009 年元月 18 日向本府
　　　提起復審聲請案，業經公務人員保障暨培訓委員會審議決
　　　定「復審不受理」，公務人員保障暨培訓委員會 98 年 3 月
　　　24 日公保字第 0980001280 號函，諒達。

正本：楊宙明先生
副本：本府人事處

彰化縣政府

範例（32）

檔　　號：
保存年限：

臺灣彰化地方法院檢察署　函

地址：彰化縣員林鎮中山路 2 段 240 號
傳真：(04)8337426

台中市南區復興路一段 207 巷 9 號 6 樓之一
受文者：楊宙明　君
發文日期：中華民國玖拾捌年肆月拾壹日
發文字號：彰檢良 敬 98 他 541 字第　　　號
速別：
密等及解密條件或保密期限：
附件：

14827

主旨：本署 98 年度他字第 541、545 號阮剛猛等人瀆職等案，查
　　　無具體犯罪事證，已予結案，請　查照。

說明：

一、復　台端 98 年 3 月 24 日、25 日之刑事申告。

二、本案聯絡人：敬股，電話：(04) 8357274。

正本：楊宙明　君
副本：

檢察長 施良波

檢察官陳茂亭決行

範例（33）

副本

彰化縣政府 函

地址：彰化市中山路 2 段 416 號
聯 絡 人：蘇政益
聯絡電話：(04)7222151 轉 0533
傳　真：(04)7283622

402
台中市南區復興路 1 段 207 巷 9 號 6 樓之 1
受文者：楊宙明君

發文日期：中華民國 98 年 4 月 16 日
發文字號：府建管字第 0980089964 號
速別：普通件
密等及解密條件或保密期限：普通
附件：臺灣省政府 98 年 4 月 7 日府人一字第 0980002668 號函影本乙份

主旨：為大院調查關於楊宙明君陳訴：為渠因辦理核發胡坤炎建
　　　築執照，遭法院判決偽造公文書罪確定，並遭本府移送懲
　　　戒，認本府未詳查實情，涉有違失等情乙案，復如說明，
　　　請　查照。

說明：
　一、依據大院 98 年 3 月 23 日（98）院台業貳字第 0980162046
　　　號函辦理。
　二、有關楊君陳訴涉及本府分層負責明細表部分，經調閱本府
　　　73 年 3 月 12 日彰府人一字第 4831 號修正實施之分層負責
　　　明細表相關之檔案存檔資料，已無法查得檔案，本府再函
　　　請臺灣省政府協助提供該檔資料，惟該府亦查無檔案存檔
　　　紀錄。

正本：監察院
副本：楊宙明君、本府（人事處、建設處）

縣長 卓 伯 源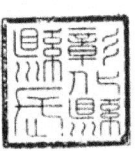

本案依分層負責規定授權主管處長決行

範例（34）

公務人員保障暨培訓委員會復審決定書　98公審決再字第0009號

申　　請　　人：　楊宙明

　　　　　　　　　出生年月日：32年1月22日

　　　　　　　　　住址：臺中市南區復興路1段207巷9號6
　　　　　　　　　樓之1

　　　　　　　　　國民身分證統一編號：N103303706

　　申請人因懲處事件，不服本會民國98年3月10日98公審決字
第0044號復審決定書之決定，申請再審議案，本會決定如下：

　　　　主　　文

再審議不受理。

　　　　理　　由

一、按公務人員保障法第94條第1項規定：「復審事件經保訓會審
　　議決定，除復審人已依法向司法機關請求救濟者外，於復審
　　決定確定後，有下列情形之一者，原處分機關或復審人得向
　　保訓會申請再審議：……。」及第95條規定：「申請再審議
　　應於三十日之不變期間內為之。前項期間自復審決定確定時
　　起算。……。」是依上開規定，復審事件經本會審議決定確
　　定後，復審人如欲申請再審議，除須未依法向司法機關請求
　　救濟外，並以復審決定確定為必要，始得為之。如已對復審
　　決定依法向司法機關請求救濟，仍向本會申請再審議，即屬
　　不合法，依同法第98條：「保訓會認為申請再審議程序不合
　　法者，應為不受理決定。」規定，應不予受理。

二、本件申請人原任彰化縣大村鄉戶政事務所課員，前因不服彰
　　化縣政府90年12月6日90彰府人二字第215799號令及91年9月
　　23日府人二字第09101804270號令分別記一大過之懲處，循
　　序提起復審及行政訴訟，因該二懲處令係屬應提起申訴、再
　　申訴之事項，遞經本會92年10月28日92公審決字第0268號復

範例（35）

保訓

審決定書決定：「復審不受理。」、臺中高等行政法院92年11月26日92年度訴字第928號裁定駁回原告之訴及最高行政法院94年3月10日94年度裁字第00367號裁定駁回抗告在案。申請人再就前揭二懲處令向本會提起復審，亦經本會96年7月17日96公審決字第0478號及98年3月10日98公審決字第0044號復審決定書決定：「復審不受理。」在案。今申請人仍不服本會98公審決字第0044號復審決定書之決定，於98年4月17日向本會申請再審議。茲查申請人業已就本會上開98公審決字第0044號復審決定，提起行政訴訟，並經臺中高等行政法院98年4月24日98年度訴字第116號裁定駁回。是申請人向本會申請再審議，揆諸前揭規定，於法即有未合，爰應不予受理。

據上論結，本件再審議之申請為不合法，爰依公務人員保障法第98條決定如主文。

公務人員保障暨培訓委員會	副主任委員	李 嵩 賢	
	副主任委員	葉 維 銓	
	委　　員	吳 聰 成	
	委　　員	鐘 昱 男	
	委　　員	翁 興 利	
	委　　員	周 世 珍	
	委　　員	洪 文 玲	
	委　　員	陳 媛 英	
	委　　員	陳 淞 山	
	委　　員	吳 登 銓	
	委　　員	邱 華 君	
	委　　員	劉 榮 輝	
	委　　員	林 昱 梅	

2

董經騎會

中　華　民　國

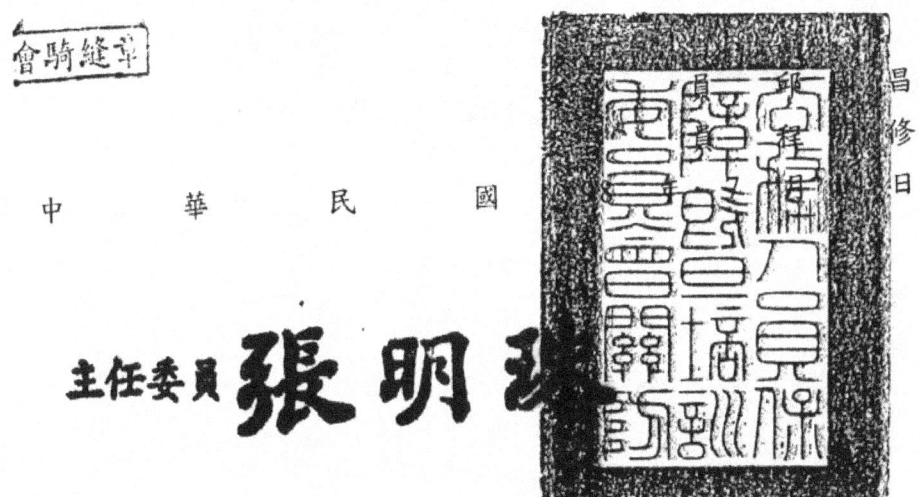

主任委員　張明珖

正　本

發文方式：郵寄

檔　號：
保存年限：

公務人員保障暨培訓委員會　函

地址：11601台北市文山區試院路1之3號
電話：02-82367000
傳真：02-82367159

402
臺中市南區復興路1段207巷9號6樓之1

受文者：楊宙明先生
發文日期：中華民國98年7月24日
發文字號：公地保字第0980004049號
速別：普通件
密等及解密條件或保密期限：普通
附件：如主旨

主旨：台端因懲處事件申請再審議案，業經本會決定。茲檢送本會
　　　民國98年7月14日98公審決再字第0009號復審決定書正本1份，
　　　請　查照。

正本：楊宙明先生(臺中市南區復興路1段207巷9號6樓之1)
副本：考試院、本會保障處(均含決定書正本1份)

主任委員 張明珠

本案依分層負責規定授權政務副主任委員決行

範例（36）

正本

彰化縣政府 函

地　　址：彰化市中山路 2 段 416 號
聯 絡 人：賴育秀
聯絡電話：(04)7222151 轉 1433
傳　　真：(04)7229145

台中市南區復興路一段 207 巷 9 號 6 樓之 1
受文者：楊宙明先生

發文日期：中華民國 98 年 10 月 13 日
發文字號：府人二字第 0980243327 號
速別：普通件
密等及解密條件或保密期限：普通
附件：

主旨：台端不服本府 90 年 12 月 6 日 90 彰府人二字第 215799 號
　　　令及 91 年 9 月 23 日府人二字第 09101804270 號令提起復
　　　審聲請狀一案，敬悉。

說明：

一、復　台端 2009 年 10 月 7 日復審聲請狀。

二、台端不服旨揭令所為處分，前於 2009 年元月 18 日向本府
　　提起復審聲請案，業經公務人員保障暨培訓委員會審議決
　　定「復審不受理」，理由敘述很明確，公務人員保障暨培
　　訓委員會 98 年 3 月 24 日公保字第 0980001280 號函，諒
　　達。台端不服復審決定，向高等行政法院提起行政訴訟，
　　亦經該院裁定：「原告之訴駁回。訴訟費用由原告負擔。」
　　（98 年度訴字第 116 號），諒達。

三、台端復於 2009 年 4 月 6 日同一事件再向本府提起復審聲
　　請，亦經本府 98 年 4 月 10 日府人二字第 0980079318 號
　　書函答覆在案。

正本：楊宙明先生
副本：本府人事處

縣長 卓伯源

範例（37）

檔　　號：
保存年限：

臺灣臺中地方法院檢察署　函

地　址：臺中市自由路1段91號
承辦人：殷股書記官林建宏　傳真：(04)22232451
聯絡方式：(04)22232311 轉 5201

郵遞區號：
地址：台中市南區復興路一段207巷9號6樓之1
受文者：楊宙明 君

發文日期：中華民國玖拾捌年 拾月拾柒日
發文字號：中檢輝 殷 98 他 1607字第 124087 號
速別：
密等及解密條件或保密期限：
附件：如文

主旨：本署98年度他字第1607號偽造文書乙案，已予結案，請　查
照。

說明：

一、復　台端98年4月2日申告。

二、本案經查並未發現有何　台端所指之犯罪事實；且再申訴
決定書，係公務人員保障暨培訓委員會主任委員、副主任
委員、委員等人依法定職權所製作，與刑法偽造公文書係
無製作權限之人所為之構成要件有別；　台端如認上開再
申訴決定書所認定之內容，有何不利之處，自得循行政程
序、行政訴訟途徑加以救濟。

正本：楊宙明 君
副本：

檢察長 張斗輝
檢察官廖聖民決行

範例（38）

檔　　號：
保存年限：

臺灣彰化地方法院檢察署　函

地址：彰化縣員林鎮中山路 2 段 240 號
傳真：(04)8337426

郵遞區號
地址：臺中市南區復興路段 207 巷 9 號 6 樓之 1
受文者：楊宙明　君

中華民國玖拾捌年拾月　日

發文日期：
發文字號：彰檢文 新 98 他 1877 字第　　　　號
速別：
密等及解密條件或保密期限：45529
附件：

主旨：本署 98 年度他字第 1877 號被告黃石城、謝榮盛、鄭吉能
　　　等涉嫌偽造文書等案，因查無不法事證業已終結偵查，請
　　　查照。

說明：

　　　本案聯絡人：新股書記官，電話：(04) 8357274 轉 289。

正本：楊宙明　君
副本：

檢察長 鄭 文 貴

檢察官黃淑媛決行

範例（39）

檔　號：
保存年限：

臺灣彰化地方法院檢察署　函

地址：彰化縣員林鎮中山路2段240號
傳真：(04)8337426

郵遞區號
地址　台中市復興路1段207巷9號6樓之1
受文者：楊宙明

中華民國玖拾捌年拾月廿柒日

發文日期：
發文字號：彰檢文忠98他1898字第　　　號
速別：
密等及解密條件或保密期限：　　46100
附件：

主旨：本署98年度他字第1898號許權宗等瀆職一案，經查並無
　　　不法，已予結案，請　查照。

說明：

一、復　台端98年10月13日申告狀。

二、本案同一事實前經本署90年他字第1012號，94年度他字
　　　第899、900、901、1041號，95年度他字第2281、2401，
　　　96他字第336、348號以查無犯罪嫌疑簽結在案。

三、本案聯絡人：忠股書記官，電話：(04)8357274轉293。

正本：楊宙明
副本：

檢察長鄭文貴

檢察官郭玄義決行

範例（40）

正本

彰化縣政府 函

地　　址：彰化市中山路2段416號
聯 絡 人：賴育秀
聯絡電話：(04)7222151 轉 1433
傳　　真：(04)7229145

台中市南區復興路一段207巷9號6樓之1
受文者：楊宙明先生

發文日期：中華民國98年10月29日
發文字號：府人二字第0980260843號
速別：普通件
密等及解密條件或保密期限：普通
附件：

主旨：台端不服本府90年12月6日90彰府人二字第215799號
　　　令及91年9月23日府人二字第09101804270號令提起復
　　　審聲請狀一案，敬悉。

說明：
一、復　台端2009年10月26日復審聲請狀。
二、台端不服旨揭令所為處分，均按相關程序提出救濟，亦歷
　　經各機關予以駁回在案，公務人員保障暨培訓委員會98
　　年3月24日公保字第0980001280號審議決定「復審不受
　　理」，理由敘述很明確。又台端不服復審決定，向高等行
　　政法院提起行政訴訟，亦經該院裁定：「原告之訴駁回。
　　訴訟費用由原告負擔。」（98年度訴字第116號），諒達。

正本：楊宙明先生
副本：本府政風處、本府人事處

縣長 卓伯源

本案依分層負責規定授權主管處長決行

範例（41）

檔　　號：
保存年限：

臺灣彰化地方法院檢察署書函

地址：彰化縣員林鎮中山路 2 段 240 號
傳真：(04)8337426

郵遞區號
地址：臺中市復興路一段 207 巷 9 號 6 樓之 1
受文者：楊宙明　君

發文日期：中華民國玖拾捌年拾月卅拾日
發文字號：彰檢文收 98 他 662 字第　　　　號
速別：
密等及解密條件或保密期限：46779
附件：

主旨：本署 98 年度他字第 622 號　臺端檢舉彰化縣縣長、主任秘
　　　書、工務局長、技正、科長、技士等偽造文書案件，因查無
　　　實據已予簽結，請　查照。

臺灣彰化地方法院檢察署

範例（42）

檔　號：
保存年限：

臺灣彰化地方法院檢察署　書函

地址：彰化縣員林鎮中山路 2 段 240 號
傳真：(04)8337426

郵遞區號
地址臺中市南區復興路 1 段 207 巷 9 號 6 樓之 1
受文者：楊宙明 君

中華 民國 玖拾 捌年 若金月拾 壹日

發文日期：
發文字號：彰檢文 信 98 他 1802、2147 字第　　　　號
速別：
密等及解密條件或保密期限：
附件：

48783

主旨：有關台端所告發阮剛猛、翁金珠、辛玉舜、陳善報、李武雄、黃石城、劉瑞煌等人瀆職等案件，查無犯罪嫌疑，已予結案。請　查照。

說明：本件告訴人楊宙明就同一案件或相類案件，一再向本署其他政府機關檢舉、陳情或提起自訴，結果均認為告發人所述並無具體事證，而未構成犯罪。

正本：楊宙明 君
副本：

臺灣彰化地方法院檢察署

範例（43）